記者と官僚

特ダネの極意、
情報操作の流儀

佐藤優
Masaru Sato
×
西村陽一
Yoichi Nishimura

中央公論新社

はじめに

本書では、新聞記者と官僚の関係について、かなり踏み込んだ議論を行っている。記者の仕事は国民の知る権利に奉仕することだ。官僚の仕事は国益に奉仕することだ。実を言うと国益には、国家益と国民益がある。この両者が常に一致するとは限らない。そのために記者と官僚の間では、互いの職業的良心に基づく利益相反が起きることがある。この利益相反の緊張に耐えつつも、人間的信頼関係を構築することが、よき記者、よき官僚として自らの使命を遂行するために必要とされるのだ。

記者と官僚が陥りやすい二つの罠がある。

第一は孤立主義だ。記者は国家に仕える官僚は本質において性悪な存在と規定して、それを叩くことがジャーナリズムの使命とするケース（事例）だ。こういう記者は、官僚の内在的論理を理解しようとせず、自分の鋳型にはめた記事を書く。外交ならば、中国やロシアは悪なので、これら権威主義国家に対して毅然たる態度をとらない外務官僚は腰抜けだというような内容だ。あるいは官僚は社会的弱者に対して冷淡で、財源を口実に福祉切り捨てしか考えていないというような批判記事だ。こういう記事は、どうしても実態から乖離してしまう。それは国民の真実を知る権利を阻害する。

一部の官僚は、記者は所詮、目立つことと出世しか考えていない品性下劣な存在と見做している。水道の蛇口を開けたり閉じたりするように情報を調整すれば、記者を操ることが可能と考える。そして、官僚が遂行しようとする政策に好意的な記者に情報をリーク（漏洩）し、敵対的な記者には一切情報を与えず干ぼしにする。さらに官僚が気に入らない記者の個人的不祥事（性的関係の乱れ、金銭問題、酩酊した上での乱行など）について情報を収集し、その記者が所属する会社の幹部に伝え、出世の道を閉ざす。こういう官僚は、記者が国民との重要な窓口であることを理解していない。記者を統制可能と考えている官僚は、例外なく国民を愚民視する間違ったエリート意識を持っている。

こうした記者や官僚は、それぞれ、会社、役所という閉ざされた空間で生きている孤立主義という特徴を帯びている。

第二は過剰同化だ。私が外務省に入ったのは、1985年であるが、その頃、官僚とマスコミの両方の就職活動をする人は稀だった。建前であっても、官僚志望の学生は国益に奉仕することを考え、マスコミ志望の学生は権力監視が重要と考えていたからだ。いまでは、中央官庁、マスコミ、コンサル会社、外資系銀行、メガバンク、総合商社のいずれかを狙って就職活動を行い、合格したうちもっとも将来性のあると思われる職場を選択するという学生が珍しくない。難関中高一貫校、難関大学と同じ環境で育った人たちが官僚や記者になる。ほんの少しだけめぐり合わせが違っていれば、立場が逆だったかもしれない。だから記者と官僚が同質化してしまい、職業的良心に基づけば、かならず生じる緊張を感じなくなってしまう。従って、政府の広報と新聞やテレビの報道が本質において同じになる。この状況は、短期的には官僚に有利だ。しかし、マスコミによる権力に対する監視機能が弱まると、官僚の力が落ちる。批判の目がないところでは誰もが無意識のうちに手を抜くようになるからだ。そして中長期的には国家機能が弱まる。国家が弱くなると、その国家で勤務する官僚の影響力も低下する。記者と官僚の同質化は、長期的に官僚の利益にも適わない。

本書を通じてこういう構造を現役の記者と官僚を含む読者の皆さんに理解してもらいたい。

本書で対談した西村陽一氏は、朝日新聞社で、政治部と国際報道部で活躍し、モスクワ支局員、アメリカ総局長、ゼネラルエディター（編集局長）などを務めた後、常務取締役、東京本社代表として朝日新聞社の全体像を知ることができる立場にいた。こういう経験をした人にしか見えない景色がある。それを私は西村氏から引き出すことにつとめた。

同時にこの対談本は、社会人の友情について扱った作品でもある。私は大学（大学院）や高校で授業するときにいつもこう強調している。

「学校時代の友だちはとてもたいせつだ。なぜなら利害関係がないからだ。社会に出てからの人間関係には、必ず利害関係がある。ゴルフ友だちや酒飲み仲間でも、深いところでは必ず仕事上の利害関係がある。社会人になってから仕事や家庭生活、あるいは自分の健康に関して大きな問題に突き当たったときに、利害関係がない学校時代の友だちに相談すると有益な助言を得ることができる。学生時代の友だちは一生の財産になる」

それに続けて、必ずこう述べることにしている。

「社会人になってからできた知り合いでも、稀だがほんとうの友だちになる人がいる。僕の場合、外交官時代に名刺交換をした記者は、日本人だけでも軽く1000人を超える。2002年1月末に鈴木宗男疑惑の嵐が吹き荒れた時点では100人近くの記者と付き合っていた。そのほとんどと食事をしたり、酒を酌み交わしたことがある。しかし、同年5月14日に僕が東京地検特捜部に逮捕された後、人間関係が維持されたのは、産経新聞の斎藤勉さん、共同通信の加藤正弘さん、朝日新聞の西村陽一さんの3人だけだ。この3人との付き合いは一生続くと思う。なぜそうなったのかは、よくわからない。おそらくそうなることは、僕が生まれる前から神様が決めていたのだと思う」

西村陽一氏とのこの対談を読んでいただければ、社会人になってから仕事で知り合った人とほんとうの友人になる過程を読者に追体験していただくことができると思う。

本書を上梓するにあたっては、中央公論新社書籍編集局ノンフィクション編集部の中西恵子部長、フリーランスライターの藤崎美穂氏にたいへんにお世話になりました。どうもありがとうございます。

2024年8月15日、曙橋（東京都新宿区）の自宅にて

佐藤　優

目次

第三章 記者と官僚の五つの罠 075

第四章　記者と官僚の七つの鉄則——125

構成　藤崎美穂
装幀　中央公論新社デザイン室

記者と官僚

特ダネの極意、情報操作の流儀

第一章

記者と官僚、衝撃の出会い

「モスクワには七つのマフィアがある」

佐藤　西村陽一さんとはいつの間にか30年以上の付き合いになります。ファーストコンタクトは1991年2月、ソ連崩壊前夜のモスクワ。朝日新聞政治部（当時、のち国際報道部に異動）の若きスター記者と、在ロシア日本国大使館の三等書記官として出会ったそのとき、西村さんは32歳、私は31歳でした。最初こそ取材する側、される側といった間柄だったけれど、のちに毎月のように顔を合わせて意見交換をするようになり、また公私にわたってさまざまな議論を闘わせるようになっていった。

西村　私がワシントンにいたときに、佐藤さんが鈴木宗男事件に連座して東京地方検察庁特別捜査部（特捜）に逮捕されて塀の中に入りました。結局、私のワシントン勤務が通算で7年に及んだり、北京の清華大学で教えるために1年間中国に行ったりと、直接会えなかった期間もあったけれど、その間もメールや電話での情報交換は頻繁に続けてきましたね。

佐藤　私があちこちで話している、1000枚の名刺のうち逮捕されたあとも残ったわずか3

枚の一人ですから、西村さんは。

西村 今回いろいろと当時のメモやりとりしたメールを整理してきたんですが、最初の出会いは30年以上経ったいまでもよく覚えています。なにしろ佐藤さんのインパクトがすごかったから。

佐藤 私がモスクワにやってきた記者団のアテンドをしたんだよね。

西村 そう。朝日新聞の政治部記者だった私は、外務省担当記者団の一員として、北方領土交渉の取材で東京からモスクワにやってきました。日ソ交渉はソ連外務省の迎賓館で行われたんだけど、その前にわれわれ記者一同は、赤の広場近くにある高級ホテル、メトロポールのプレスセンターに集合して、そこからバスに乗って迎賓館に向かうことになっていた。そのバスに突然、長靴を履いた目のぎょろっとした小柄な男が乗り込んできて、開口一番、「モスクワには七つのマフィアがあります」と切り出した。それが佐藤さんだった。忘れられません。

佐藤 そうそう、バスの中で。

西村 アテンドに大使館の若手が来ること自体は珍しくありません。プレスアテンドと言いつつ実質は観光ガイドでね。「右手に見えるのはクレムリンでございます」「左手は赤の広場でございます」ってやるものなんだけどね、普通は。

佐藤 アテンドは外務省の本官ではなく、ＩＨＣＳＡ（一般社団法人国際交流サービス協会）の派遣員を雇うケースも多かったね。アルバイトの大学生もいました。

西村　だから私はそのとき、またいつもの観光ガイドだと思って、まもなく始まる日ソ交渉の資料を読んでいたんです。そうしたらいきなり長靴を履いた佐藤さんがマイクを握ってマフィアの話を始めるから、びっくりして。

佐藤　だって観光なんてみんな関心ないでしょう。

西村　それはそうなんだけど。いきなりそんなディープな話が出てくるとは思っていないから、こちらは。というのも、当時ソ連やロシアのマフィアは、新聞記者の取材テーマとして最も大きなものの一つでした。組織犯罪集団と官僚、組織犯罪集団と政治家、組織犯罪集団とKGB（ソ連国家保安委員会）やその後継組織との関係、それらはもちろん、こんにちのロシアの話題にも非常に深くつながってくるわけですが。

佐藤　どうせなら、みんながいちばん興味のある話をしたほうがいいと思って。

西村　そんなサービスがあるとは思わないから本当に驚いた（笑）。そうして長靴を履いた佐藤さんは、続けざまに七つのマフィアの名前を並べ連ねました。チェチェン・マフィア、イングーシ・マフィア、アルメニア・マフィア、アゼルバイジャン・マフィア、グルジア・マフィア、ウクライナ・マフィア、朝鮮マフィア。さらにそれぞれのとても生々しい解説を、いきなりばーっと話し始めた。

佐藤 ジャージの話がうけたのを覚えています。「皆さん、マフィアがもっとも好む服は何だと思いますか？ ジャージです」。

西村 そうそう（笑）。「いちばん人気はアディダスのプレステージで、靴もアディダスのスニーカーが大人気です」という話。

佐藤 当時のソ連ではジャージはなかなか手に入らなかった。特にプレステージは闇市で非常に高額で、普通の人は手が出なかったからね。

西村 というような、現地ならではの情報をメモもなしにすらすら話すものだから、私は読んでいた資料を放り投げて佐藤さんの話を慌ててメモし始めました。日本に戻って、あの若い大使館員は誰だろうとすぐに調べて、ノンキャリアの三等書記官、佐藤優という名前を知った。それが私の中での佐藤さんとの衝撃の出会いでした。

佐藤 キャリア、ノンキャリアを問わず、外交官には一つの登竜門があります。モスクワ駐在の現地記者ではなく、東京から首相や外務大臣の同行取材でやってくる妖怪みたいな政治部記者とうまく付き合えるかどうか。東京から平河クラブ（自民党担当）や霞クラブ（外務省担当）のキャップ（記者の中でリーダー的な役割を果たす中堅・ベテラン記者）が来るときは、政務班長クラスが空港まで迎えに行っていた。それくらいしないと何をされるかわからないということで。

西村　幸い、私はそんな扱いを受けた経験はなかったけれど、それはどういうこと？

佐藤　面倒くさい政治部記者の機嫌を損ねると、外務省の人事にまで手を突っ込んでくるからです。扱いが国会議員級でした。そういう妖怪記者たちのアテンドは本来、一等書記官以上が対応するんだけど、なぜか三等書記官の私が任されるようになっていたんだよね。

西村　それはなぜか、いまならわかる？

佐藤　細々した手配が得意だったからかな。ホテルの留保とか。当時、先輩だった一等書記官の原田親仁《ちかひと》さん（のちの駐ロシア大使）に「ロジができないやつはサブもできない」と教えられたんです。ロジっていうのはロジスティックス、兵站《へいたん》。もろもろの準備や手配。それができないやつはサブスタンス（本質的な仕事）もできない、と。それはそうだなと思って一生懸命やっていたら、いつの間にか。

西村　なるほど、それでアテンドも一工夫があったんですね。

佐藤　普通の観光案内もしましたよ。でもそのときも、観光客が行かないような闇市や「ここで食べて大丈夫なのか？」「これは食えるものなのか？」とみんなが不安になるような、現地に根ざした食堂に連れていったよね。そういうほうが面白いでしょ。

西村　たしかに。ロジではほかにどういうことを？

佐藤　旧ソ連のような国では通関が厳しいから、簡易通関っていうシステムがあります。事前に申請をしておけば、大使館が全責任を負うという条件で通関を事実上パスできるっていう。この簡易通関の便宜供与、それと通信回線の確保も重要な仕事でした。たとえばプレスセンターをつくるとき、どこか会議室を押さえて、そこに回線を引いてセッティングしなきゃいけない。専用の施設なんて普段はないから。何が大変かというと、当時はモスクワ―東京間で通信回線が5本しかなくて、ヨーロッパ経由でも15本しか取れなかったんだよね。その回線を押さえるとその時間はほかのどの企業もつながらなくなるんだけど、無理して押さえなきゃいけない。回線の管理はKGBだから、そこの人たちと関係をつける必要がある。普通に頼んだって「なんですか?」ってすっとぼけられて相手にされないから。

西村 どうするの?

佐藤 そこはほら、「友情の証」を渡すんですよ。

西村 現金? それとも日本の貴重なものとか?

佐藤 現金はない。そんなに高価ではないけれど、ソ連では入手しにくい日本のもので、換金性の高いものが好まれました。ブームもあるから時期によって違ったけど、ソニーのラジカセは人気とか。それから簡単なところでは、よく生命保険の営業レディが配っていた、名刺サイズの水着の女性のカレンダーとか。

西村 ああ、水着のカレンダーはたしかに人気がありました。私もモスクワの取材相手に頼まれて結構日本から持っていったっけ。

佐藤　水着っていうのがちょうどバランスよかったんだよね。これがヌードだとわいせつ物で捕まってしまうから。

ロシアの知が集結する民族学・人類学研究所へ

西村　そんな出会いを経て、私はいったん東京に戻るんだけど、佐藤さんが日本に一時帰国したときには必ず会って情報交換をするようになりました。そしてまもなく、会社から1年間集中してロシア語を習得するというミッションを与えられたんだよね。将来的にモスクワ特派員になることを見据えて。当時の私は全くロシア語ができなかったから、まずは大学に留学の手続きをして、さらに家庭教師に語学学校、ロシア人家庭のホームステイ先も自分で決めて、それから佐藤さんに相談したんです。ロシア人の魂をいちばん摑む方法について。そうしたら、「ロシア人の『内在的論理』を知るにはソ連科学アカデミー民族学研究所（現・ロシア科学アカデミー民族学・人類学研究所）に籍を置くといいよ」ってアドバイスをくれたんだよね。佐藤さんがよく使う「内在的論理」っていうのは、いまでは有名になり、論争も呼んでいるんだけれど、すでにこの頃から言っていましたね。

佐藤　民族学・人類学研究所は、対外的に窓の開いている世界経済国際関係研究所（ＩＭＥＭＯ）や、東洋学研究所、極東研究所と違って、かつて外国人のアクセスはほとんど認められていませんでした。それが１９８８年頃から窓がほんの少しずつ開き始めたんだよね。

西村　そんなマニアックなところに、佐藤さんは研究員として特別に自由な出入りを許されていたわけです。そもそもどういう経緯で入り込んだの？

佐藤　私はモスクワ国立大学で研修を終えて、１９８８年6月からモスクワの日本大使館政務班で働き始めたんだけど、当時はちょうどナゴルノ・カラバフ紛争（コーカサス地域にあるアルメニア共和国とアゼルバイジャン共和国のナゴルノ・カラバフ自治州をめぐる30年に及ぶ争い）が勃発した頃でした。当時の私は大使館政務班の雑用係で、コピー取りや書類回し、ロシア語の新聞や通信社報道をチェックし、重要なものを翻訳し、外務本省に公電で報告するのが主な仕事。ナゴルノ・カラバフ紛争に関しても中央紙や地方紙を丹念に読んで公電で報告していたら、しばらくして民族問題を担当するよう言われたんです。でも驚いたことに、大使館では誰も詳細を理解していなかった。

西村　ソ連では民族問題は建前上、解決したことになっていたから、以前は政府にも共産党内にも公式には民族問題を扱う部署はなかったんだよね。

佐藤　そう。そこで、モスクワ国立大学哲学部科学的無神論学科のゼミで知り合い、のちに生涯の友人となるサーシャ（アレクサンドル・ユリエヴィッチ・カザコフ氏）に連絡して、「民族問題はどこで扱っているのか」と尋ねました。サーシャはすでにラトビア人民戦線の幹部として活躍していたから、そういった情報にも詳しかったんだよね。そして「ソ連科学アカデミーの民族学研究所だ」と教えてくれた。ただし「ソ連共産党中央委員会イデオロギー部と緊密な関係を持っていて、国家秘密も扱う研究所だから、資本主義国の外交官はアクセスできないかもしれない」という注釈付きで。

西村　どうやって突破したの？

佐藤　そこはごく正攻法で、大使館から面会要請の手紙を出しました。それから1か月ほどして受諾の回答があってね。最初に訪ねたときにコーカサス部長をしていたのが、ソ連科学アカデミーの「歩く百科事典」ともいわれているセルゲイ・アルチューノフ先生でした。アルチューノフ先生はアルメニア系ロシア人で、ロシア語、日本語、英語、ドイツ語、フランス語、グルジア語、アルメニア語などなど理解する言語は40を超え、アイヌについての本も書いている人。１９６０年代にソ連から戦後初めて日本留学をして日本について研究を始めたけれど、日ソ関係があまりよくないからっていうことで、北極圏やインドの少数民族や世界の食文化の研究をして、最終的に最難関問題といわれるコーカサス問題を扱うようになっていたんです。そのアルチューノフ先生と話したら「あなた面白い人だからしょっちゅう来なさい」ってパスを出してくれたんだよね。

西村 なるほどね。

佐藤 同時にアルチューノフ先生は「副所長兼学術書記のチェシュコ氏と親しくなっておくといい」というアドバイスをくれた。「彼は共産党と研究所をつなぐキーパーソンだから、彼の了承が取れればいろんなことができる」と。チェシュコ氏は当時35歳だったんだけど、研究所の実質ナンバー2であり、最初に面会要請を出した時に窓口になってくれたのも彼。アメリカ先住民族の専門家で、同時にキリスト教のプロテスタンティズムへの関心も強かった。話してみたら非常に波長が合って、家族ぐるみでの付き合いをするようになったんです。

西村 佐藤さんの人脈の広げ方については、またあとでじっくり話を聞きたいですね。そのおかげで私も、民族学・人類学研究所に運よく入ることができた、とそういうわけです。

佐藤 なにしろ情報の宝庫で、かつロシアの政治エリートとのつながりもある。さらに参与観察を中心とする他者の内在的な論理を研究する場所だから、この研究所がいちばん面白いと思ったし、西村さんに合うと思ったんですよね。

西村 研究所では、カザフスタンのシャーマニズムの研究をしている人類学者がメンターとしてついてくれて、ある程度ロシア語ができるようになった半年後から、科学アカデミーの中央アジア民族の文献を集中的に読むようになりました。この経験がのちに、記者としてタジキスタンとアフガニスタンの民族紛争や、ウズベキスタンのフェルガナ渓谷とイスラム運動の問題を取材するときにものすごく役に立ったんだよね。

佐藤　なによりです。

西村　だから私にとっては佐藤さんという存在は、もちろん情報源であり取材対象者なんだけれど、それだけの存在ではありませんでした。わりと最初から。記者は本来、情報源と友だちにはならないし、なれない。たまたま大学時代の友人が取材源になる場合はあるけど、それも友だち関係でいられなくなるケースが少なくない。特に佐藤さんに対しては、変に油断してアプローチをしたり、甘えたりすると、とんでもないしっぺ返しを食うような、そんな緊張感が常にありました。そして、そういう取材源はほかにもいました。だけど、なぜ佐藤さんとは30年以上にわたる交流になったかというと、いま話したようにロシア学の先達として助言をくれたり、自分のコミュニケーション能力で切り開いた重要なドアを惜しげもなく開けてくれたりしたことがまずあったんですね。

それと、クレムリンそばのレストランでこちらの情報源と会食していると、いつも視界のあちこちにいるんです、佐藤さんが。上司の公使や大使と一緒に、軍の関係者や議員たちと会食している。あ、今日は佐藤さん、誰々と会っているな、って、特に連絡をしていなくてもわかる日々だった。

佐藤 お互いにね。

西村 思い返すとちょっと面白いよね。だから、基本は取材者と情報源、あるいは魑魅魍魎《ちみもうりょう》のロシアで情報をどちらが先にとるかっていう、ある種ライバルというか、緊張感のある関係ではあるんだけど、ソ連崩壊後の大混乱の中、情報が飛び交って、真偽をめぐって七転八倒していて、大袈裟ではなく互いに命の危険も感じるような状況において、モスクワにおいてはどこか「同志」のような感覚も私は持っていました。その後、読者の皆さんもご存じのように、佐藤さんは逮捕、投獄され、裁判になって、執行猶予となり、官僚から作家に転身した後、がんや透析、移植手術といった病との長い闘いも経験して――。そんないまにいたるまでの波瀾万丈の人生を、私はロシア、アメリカ、中国、日本で、見ていくことになります。

同質化が記者と官僚をだめにする

佐藤 ところで西村さんは湘南高校(神奈川県立湘南高等学校)に入学したのは何年でした?

西村 え? 1974年かな。

佐藤 私は75年に浦和高校(埼玉県立浦和高等学校)に入ったから、西村さんのほうが1学年先輩か。当時、浦和と湘南で毎年交互に行き来をして対抗戦をやっていたのを覚えています?

西村　「湘南浦和対抗定期戦」ね。もちろん。1957年から2002年まで続いた伝統です。私は剣道部員として対戦しましたよ。

佐藤　私は応援団でした。つまり同じ空間にいたはずなんですよ。大きな旗を振っていたから、視界には入っていたと思う。

西村　ああ、それは絶対に見ているなあ。どこかですれ違ったかもしれない。私は剣道の防具をつけていたから、顔は見えなかっただろうけど。

佐藤　なんでこんな話をしたかというと、そんな二人がロシアで運命的な再会を果たしたと言いたいわけではなくてね。われわれは、首都圏のいわゆる公立進学校を経て一般受験で大学に進学するルートをたどった、ということが言いたかった。

当時は私立や国立の中学校高校を受験する小学生はさほど多くはありませんでした。中高、まして幼稚園小学校の受験というのは、親が教育熱心でかつ、情報を持っている一部の子どもがするものだった。同じ世代でも、たとえば精神科医の香山リカさんは北海道出身だけれど、親御さんが教育に関して意識が高く情報を持っていたから高校受験をして学芸大附属高校（東京学芸大学附属高等学校）に進学している。われわれはそうではなく、当時の平均的な教育概念の家庭で育って公立高校で学び、西村さんは東京大学教養学部に、私は同志社大学神学部に進学した。

いまはエリートの界隈にそういう人が少なくなってきているんだよね。官僚はもはや、幼稚園受験をして大学まで一緒だとか、中高一貫校の特別進学コースで塾も一緒だったとか、そういう人のほうが圧倒的に多い。

西村　記者もそうかもしれない。

佐藤　特に大新聞社となるとそうでしょう。これはかなり大きな問題だと私は見ています。コミュニティが固まるとどうしてもディープステート的なものになってくるんだよね。特に役人は、仕事上で何らかの悪事に手を染めなければならないことがある。そのときに誰に相談するか、誰と組めば安全かを考えたら、やっぱり昔からの馴染みに行き着く。人間性がわかっているからね。実際、中学高校時代に告げ口癖があるやつは、大人になっても告げ口癖があるから。そういう資質がわかっている安心感というのもあって、必然的に内輪で固まっていく。

西村　幼稚園、あるいは小学校や塾から中高大とずっと一緒の場合、基本的に同質化したコミュニティの中に自らの身を置いていることになります。それもかなりの危うさを孕《はら》む構造だと意識しておかないといけないね。

佐藤　同質化は今後、記者にとっても官僚にとっても、いわばエリートすべてが気をつけなければならない大きなキーワードになってくると思う。

西村　官僚が同質化し、記者も同質化し、さらに記者と官僚も同質化しつつある。つまり三重の同質化現象が起きている。

佐藤　かつては就職活動で大手新聞社とメガバンクと大商社とキャリア公務員を天秤にかけるなんて発想はなかったでしょう。新聞記者になりたかったら新聞社を希望したし、銀行マンになりたかったら銀行を希望した。ところがいまのエリート層は仕事内容や適性ではなく、給料と将来性を重視して就職先を選ぶ人のほうが圧倒的に多い。まあ、国際的な仕事がしたいから国際記者か外務省かと悩む人間は昔もいたかもしれないけれど。

西村　少なくとも私の同期のまわりでは、社を問わずそうした記者はいなかったように思います。つまりわれわれの頃にはまだ同質化に対して一線を画すという感覚が、記者の中にも外務官僚の中にも、記者と官僚の関係の中でも、まだあったんじゃないかな。

佐藤　その同質化がいつ始まったのか、なぜ同質化が起きたのか。その問題点と、そこから抜け出すためのヒントも、この対談を通して明らかにしていきたいですね。

第二章

記者vs.官僚

妖怪記者との付き合い方

佐藤　いままで黙っていたんですが、モスクワで再会してからしばらくして、私も西村さんに対して、ほかの記者たちとは違うかたちの強い関心を持っていたんですよ。

西村　怖いね。なんでしょう。

佐藤　一つは、学生時代に東京大学新聞の記者をやっていたということ、そして当時、東大の中にも広く浸透していた旧統一教会やその学生団体の原理研究会、さらにその系統の東大新報という新聞と対峙していたということです。私も同志社時代には原理とかなりやり合ったのだけれど、一連の学生運動のことは外務省時代には完全に封印していました。そういう話をしても武勇伝として受け止められるだけなので。しかし、学生運動の経験は、外交官になってからもムダにはならなかった。学生運動でも永田町の政治でも、国際政治でも似ているところがあるからです。面白い傾向があって、大した運動をしていないやつに限って「俺は全共闘だった」とアピールするんだよね。だから西村さんとある程度親しくなって、個人的な話をするようになって、東大新聞の話を聞いたときに、同じような時代に、同じような空気を吸っていた人なんだろうと思った。

もう一つは、モスクワで、南アフリカのアパルトヘイト（人種隔離政策）についていろいろと語り合ったこと。

西村 そうそう。たしか、東大新聞の記者だった頃、来日したランウェジ・ネングウェクール氏（映画『遠い夜明け』の主人公スティーヴ・ビコ氏とともに「南アフリカ学生機構」を設立した人物）にインタビューして記事を書いたのをきっかけに、反アパルトヘイト運動組織に出入りしたり、大学でその種のサークルをつくったり、卒業前にロンドンの反アパルトヘイト組織を訪ねたりしたというような話をしましたよね。

佐藤 そうだね。さらにその後も、永田町を担当する政治記者なのに、来日したネルソン・マンデラ氏（南ア大統領）に単独会見したというエピソードの持ち主でもあることを知ったわけです。だから、自分のテーマを持っている人だという印象だった。そういった話からも、朝日新聞が大企業だから入ったというタイプとは違うと思っていました。

西村 たしかに、ジャーナリズムの力を信じて、記者になりたくてなったと思います。

佐藤 しかも出世に興味がなかったよね。東大の後期教養学部の国際関係論専攻出身で、ある意味プラチナチケットを持っているのに。

外務省にいた当時、会う記者がみんな同じことを言っていたんですよ。「俺は生涯、一線の記者でいたい」「もし部長職をオファーされても拒否して編集委員としてやっていく」って。一種のブームだったんだろうね。どの新聞社の記者も示し合わせたように言うから、面白いなと思って聞いていた。そしてそういうことを声高に言うやつほど、管理職になるために裏で画策していたことがあとからわかって、やっぱりなあ、と思うんだけど。

西村さんはそういった妙な気負いやアピールが一切なくて、ああこの人は自分の力には自信があるけど、出世のために何か画策するタイプではないんだな、と見ていました。

西村　そうだったんだ（笑）。長い付き合いですが、佐藤さんが私をどう見ていたか、初めて聞きました。自分が組織の中にいるとわからない話かもしれないね。

佐藤さんから見て、ほかに「こういう記者が多かった」というのはありますか？

佐藤　朝日の記者はわりと特徴がありましたね。ひどいのは外務省の人事にも手を突っ込んできたがる。「あいつ、局長の悪口を言っていましたよ」とか「ひどいたかり癖があって困っていています」とか、あることないことを裏で告げ口して、自分にとって都合の悪い人間を陥れようとする。そういう妖怪記者が多いのは朝日で、かなり警戒していました。

西村　そういった記者たちの告げ口は、実際に人事に影響があるの？

佐藤　あるんだ、これが。

西村 まあ朝日に限らず、その手の人間はどこにでもいるよね。

佐藤 いや、朝日は多かった。正確に言うと、朝日とNHKには多かった。西村さんはそういうことをしなかったから、それも非常に印象的だった。

西村 非常にコメントしにくいですね（笑）。

佐藤 同じ新聞記者でも会社によって違いがあって面白いよ。もちろん個人によるところも大きいんだけど。もう一つ朝日新聞の記者の面白い特徴は、とにかく政治家を先生と呼んではいけない風潮。すごく苦しそうに「さん」付けをする。あとこれはキャップによって違うだろうけど、あるチームは会食でキャップが来るまで箸をつけてはいけないという掟があった。こちらが「もう食べなよ」と促しても、キャップが30分遅れるとしたら、30分、誰も箸をつけずに待ってるの。

西村 それはとても異様な光景だな。私が新人だった頃も、キャップだったときも、そんなことはなかったけれど。NHKは待たないの？

佐藤 NHKの若手は、遅れてきて、上司よりも先に食べます（笑）。

西村 そうか（笑）。佐藤さんがそういう光景をよく見てきたということなら、ある意味朝日は永田町カルチャーを映しているところもあったのでしょうね。

佐藤 そう思います。ただ上下関係が厳しい分、朝日の上司は部下がミスをしでかしたときに全責任を取ってしっかり守るよね。部下のせいにして尻尾を切るような真似はしない。徹底して下を守るカルチャーがある。そのあたりはインテリジェンス機関に近いところがあります。人がすべてなんだよね。だから、独自の掟はちょっと窮屈だけれども、そこにうまくはまれたらある意味、仕事はしやすい会社なんだろうとはずっと思っていたな。

西村　私は記者人生の3分の1を海外で過ごしていたので、どちらかというと、そういうカルチャーには浸かっていなかったんだろうね。だから今日佐藤さんから聞く話も、知っていることもあれば初耳のエピソードもある。

佐藤　あとこれは西村さんもそうだけど、朝日の記者は「メモ」を流さないし、金を取らない。新聞記者は日々、政治家や官僚、捜査当局に取材して作成したメモを、キャップなりデスクに上げるんだけれど、メモは社内で共有されるから、ほかの記者が作成したメモでもコピーをすることができる。新聞社のメモの中には、週刊誌記者や政治家にとっては金を払ってでも入手したいほど価値があるものもある。それで、金に困った記者がメモを売るということもあって、外務省内でもメモが流通していることがあったのだけれど、朝日新聞の記者が流出させたメモを見たことがない。

西村　それはそうですよ。賄賂や買収だもの。絶対にだめだ。

佐藤　いや、メモを流させて金を取らせるって、われわれにとって重要な仕事だったんだけど

──これ以上は差し障りがあるからいまはやめておこう。

西村 じゃあもう少し場が温まってから(笑)。まあ、官僚や政治家のメモが週刊誌に流れたっていう話は珍しくはないよね。

佐藤 週刊誌に流すネタは大した話じゃないんです。政治家が外務省側にまわしてくるメモもあります。ただ政治家や官僚から金を渡されて記者が受け取る場合、単純に金に目がくらむというだけじゃないんだ。政治家や官僚から金を受け取るってつまりは、「あなたのことを信頼していますよ」という意思証明と同義だからです。自ら弱みをつくるわけだから。政治の世界だと完全に暗黙の了解だから、もし総理大臣から目の前で金を出された政治家が「いいえ受け取れません」と言ったら、それはすなわち「あなたと付き合う気はありません」という拒絶になります。だから、裏での金のやりとりが発生するような状況をいかにつくらないかっていう点でも、朝日の記者は苦労していたんじゃないかな。

西村 たしかに、そういう話は私がいた頃は一切なかったね。

佐藤 つまり危機管理能力が非常に高い。おそらく、露見した場合の組織内のリスク、ペナルティが極めて厳しいんだと思う。

与党の記者、野党の記者

西村 取材される側として、やりやすい記者とやりにくい記者っていうのはありましたか?

佐藤 もちろん。外務省は記者を与党と野党と呼び分けていました。政治的な傾向とは別に。

西村 外務省の政策に対して理解を示している記者が与党、外務省の政策に対して批判的、あるいは反発している記者は野党、ということかな。

佐藤 そう。そして基本、与党の記者はあまり大切にしない。だってケアする必要ないから。ケアしなくても、外務省の方向性に合わせてくれるから。

西村 まあそれはそうなるよね。

佐藤 野党に対しては、さらに二通り見極めないといけない。一つは、とにかく権力に対する反発がものすごくあって、何を言っても絡んでくるタイプ。われわれは「狂犬」って呼んでいたけど。「狂犬」に対しては孤立させて、情報の干ぼしにする一択。触らない。

西村 噛まれちゃかなわん、と(笑)。

佐藤 そうです。問題なのはもう一つの、正義感が強いタイプの野党。国民の知る権利に奉仕している、生粋のジャーナリストタイプだよね。現政策は本当に国民のためになっているのか、官僚は事実を開示しているのだろうか、と疑いを持ち続け、自分も一生懸命勉強しながら取材して、なおかつ、外務省に対して批判的な記者。

西村 記者としては極めて真っ当で誠実だと思うな。

佐藤 そう、だからこそわれわれにとっても重要な存在だった。この人たちの外務省に対する反発を少しでも和らげ、あるいは、外務省の人間たちもそれなりに自分たちの立場で国民のことを一生懸命考えているんだ、と伝えていく必要がある。要は信頼関係を構築して、職務上の取引ではなく、「友だち」になる。これは非常に重要な課題だった。それができるかどうかが、政策を遂行するにあたり一つの鍵となるほどに。つまり善人のふりをしてどうやってそういった人たちに近づいていくかっていうのも外務官僚の仕事で、それをできるやつが上に行ったよね。

西村 それは記者側としても重要なところだな。佐藤さんが「善人のふりをして『友だち』になる」といったのがポイントですね。国民には知る権利があり、判断や決定のプロセスを知った上でよりよい政策を求め、選択する権利があるし、記者はそのために事実を積み重ね、真実がどこにあるかを追求していくわけだけれど、佐藤さんのようなやり手の官僚の「仕事」に搦《から》め捕られてしまうケースがある。

佐藤 騙《だま》しているわけじゃないよ。われわれだって、日本の国益のために働いているのだから。

ただ外交の仕組みは非常に複雑なもので、諸外国との駆け引きもあり、リアルタイムで公にできない情報が非常に多い。まあ、一般の人がびっくりするようなとんでもないことが行われているのも事実ではあるけど。

西村　そのあたりは、佐藤さんが外務省について書いた本を読むとよくわかるよね（笑）。

善人のふりをして国益を盾にする

西村　正義感の強い記者を搦め捕る——いや、説得するにあたっては、どんな方便を使うんですか？

佐藤　記者は「国益」という言葉に弱いという実感がありますね。

西村　なるほど。国の益は政府だけではなく、国民の益でもある。だから、知る権利への貢献をとことん貫くことと「国民の益」は一致することもあるのだけれど、官僚に言われて、両方を天秤にかけ、官僚側のレトリックに傾いてしまうという傾向もままあるのかもしれない。

佐藤　自分としては意外だったけど。というのもキリスト教では、教会は国家と緊張状態にあるものと教えられているし、私は高校生時代に社青同（日本社会主義青年同盟）で活動をしていて、国家なんてろくでもないものだと思っていたから。

西村　私個人の経験では、国益を盾にされてすんなり引き下がったことはない。むしろ政府が国益を振りかざすことがいかに危険なことかという思いがある。メディアが政府と一体になって国益を合唱する場合は特に。それは戦前、戦中の例、私がいた朝日の当時の報道も含めて。報道が国益に沿うものでなければならないとか、愛国的報道がどうあるべきとか、政府が決めるものではないですよね。記者が個人として、メディアが組織として、自分の頭で考えて考え抜いて、読者と国民に説得力ある言葉で「国益」と「公益」について伝えられるかどうか、その判断が後世の審判に耐えられるかどうか、ということだと思います。

佐藤　西村さんはそうだよね。でも大新聞社の記者ほど、国益という言葉に弱いイメージがあるよ。それもエリート的な同質性なんだろうけれど。

そういう意味では週刊誌やフリーランスの記者のほうが、大新聞の多くの記者よりも手強《てごわ》かった。なんせ、国益なんか知ったこっちゃねえ、日本の外交がどうなろうと俺が飯を食うために取材してるんだ、っていう生活者の論理が強い。軸が強固にある。彼らにとって関心があるのは真実かどうかだけ。ガセネタを記事にしたら次から仕事が来なくなるから。ただこちらとしては本当に差し支えがあると困るから、そういうタイプはとても面倒だった。

西村　週刊誌やフリーランスにはない、記者と官僚の同質性、特にここでは「エリート体質の同質性」ってやつが顔を出してくるんだね。佐藤さんが国益を盾にして記者を説得した例ってある？

佐藤　たくさんあるよ。たとえば、情報公開の一端で、外務省のある職員が某新聞社の記者に間違えて機密書類を渡しちゃったときに、大事にならないよう手を打ってもらったとか。

西村　ここで話せる？

佐藤　話せる。新聞社と記者の名前は伏せるけど。

何せ漏れてはいけない情報が漏れたわけで、報道課では手に負えず、総務課に話が行ったんだ。それを聞いて当時総務課の首席事務官だった秋葉剛男さん（のちの国家安全保障局長）は真っ青。当時私は秋葉さんとあまり面識はなかったんだけど、私がその記者と面識があるということで呼ばれていった。

その記者は酒癖がよくなくて、いくつか個人的なトラブルを起こしていた。そこで私は秋葉さんに「脅しますか？」と率直に聞いた。「脅すネタならいくつかあります」と。でも秋葉さんは立派だからさ。「佐藤さん、脅すという手段はやめよう。情報を漏らしてしまったこちら側が悪いんだから」と言ったんだよね。

西村　ずいぶんと紳士的だね。

佐藤　それからペンタゴン・ペーパーズの件（１９４５年から１９６７年までのアメリカのベトナムへの政治的、軍事的関与を記した文書。極秘文書だったが１９７１年に文書を書いた一人のダニエル・エルズバーグがニューヨーク・タイムズ紙にコピーを渡し、同紙が一面に掲載、ベトナム戦争の舞台裏を暴く一大スキャンダルとなった）を例に出して、「記者としては、情報を知ったら書かないといけない。それが仕事だから。しかし、この情報が一面に出たら、この先仕事がしにくくなるのは現場の佐藤さんたちだ。だからそこは脅すという方向ではなく、誠実に話し合い、お願いベースで扱いについて配慮してもらえるようになんとかならないか」と。

西村　外務省からジャーナリズムの金字塔のペンタゴン・ペーパーズを持ち出してくるとは驚いた。しかし、だんだん「ロジック」がわかってきたぞ（笑）。

佐藤　そこで私が「つまり、善人のふりをしろ、ということですね」と確認したら「まあ、そういう言い方もあるかもしれないけれども」と。

西村　なるほどね（笑）。それでお願いベースで話し合いをしたんだ？　でもその記者としてはそれほどの特ダネは惜しいに決まっているでしょうね、いくら公にしたくない行状を佐藤さんに握られているとは言っても。

佐藤　そこで国益を盾に誠実な交渉をするんだよ。まず小さな部屋に呼び出して、二人きりで静かにコーヒーを飲みながら仕事上の苦労の話をする。そして少し経ったところでおもむろに切り出すわけ。実は、あなたたちに間違えて内密の文書を渡してしまったと聞いている。記者として、情報を得た以上は書かなければいけない使命があることもよくわかる。しかしそれがそのまま大きく扱われると、日本外交において本当に実害がある、って、事実を淡々と話した。

西村　それで記者は納得した？

佐藤　おっしゃることはよくわかりました、って納得してくれたよ。ただし記者として知った以上は全く書かないわけにはいかないと。結局翌々日に出た記事は三面の社会面で、記事としても扱いが小さかった。秋葉さんに、よくここまで抑えることができたねって言われたな。

西村　なるほど、その「善人のふりをした説得」において「国益」という考えを利用したわけだね。でも、もし私が説得される側で「国益を損なうからやめてくれ」と言われたとしても、すぐに「そうですか」とはならないなあ。本当に国益を損なうのか、それはどのような「益」なのか、それが国民にどういう影響を与えるのか、まずはその確認を徹底して求めると思うよ。

佐藤　それはそうだよね。

西村　その記者も当然検証はしたとは思うけれど。やはり佐藤さんがいろいろ脅せるネタを持っていたことも暗に効いたということだろうか？

佐藤　そこはよくわからない。

知らなかったでは許されないオフレコの意味

西村 ロシアでは佐藤さんからバックグラウンドブリーフィングもよく受けたよね。バックグラウンドブリーフィングというのは、日本では、広義のオフレコと混同されているところがある。読者の皆さんの中には知らない人もいると思うから少し整理しようか。

佐藤 そうだね。

西村 アメリカでは取材の基本的なルールとして四つの形式があります。「オンレコ」「バックグラウンド」「ディープ・バックグラウンド」「オフレコ」。後になるほど、意味が強くなる。日本にいる頃から聞いてはいたんだけど、ワシントンに赴任した直後、知人のアメリカ人記者に整理してもらったことがあったんです。

まず「オンレコ（オン・ザ・レコード）」。これは完全にオープン。公式発表のようなもの。次に「バックグラウンド」。こちらは話の内容は報じていいけれど、発言者についてはぼかす。主語を政府筋、政府高官、あるいは自民党の閣僚経験者というように、取材相手の属性の一部だけ明らかにして、発言内容はかぎカッコの中でそのまま引用できる。

佐藤 たとえば私が「バックグラウンドで」と前置きをして話した内容は、「外務省筋」あるいは「日露関係筋」によれば、という形でなら、話した言葉そのものを引用してもいいということ。

西村 そうだね。その主語の表現も、情報の機密性や政治性に応じて相談する場合がありますね。

三つめが「ディープ・バックグラウンド」。これは話の内容は記事にできるけれど、発言として、かぎカッコつき引用はNG。地の文で「〜ということがわかった」というふうに、事実関係だけを記した記事になる。発言者、情報源については伝えてはいけないというルール。

そして四つめ。「オフレコ（オフ・ザ・レコード）」。これは聞いた情報を一切表に出してはいけないというルール。

公式のインタビュー以外では、記者と情報源との間で、この四つのどの形式で行うかの取り決めをしてから取材に入るのがセオリーだね。

佐藤 日本のオフレコはかなり幅が広いよね。確認もない。

西村 通称「完オフ」が、アメリカでいう「オフレコ」に近いかな。でもアメリカよりははるかに緩い。本来はオフレコといえば、聞いた話を一切公表しない、時に会ったことさえなかったことにすると約束することなんだけどね。日本では、そういう意味で使われる場合もあれば、バックグラウンド的な解釈もある。重要な情報はやはり先に範囲の合意をしておくべきだと思う。

佐藤 日本だとオフレコといいつつ大勢で記者会見のようなこともしているからね。

西村 そうそう。記者クラブに所属する10人前後もの大勢の記者が、定期的に開催されるいわゆる「オフレコ懇談」の場に出席するのは日常の景色です。官庁の「オフレコ懇談」も、オフレコといいつつ、会見室という公式の場で、時にノート持参で、若手官僚がそばで大臣や次官らの発言内容を逐一記録しているからね。アメリカで「オフレコ」といえば一対一の取材で録音なしで使われるのが基本だから、そこも大きく違う。

ワシントン駐在だった頃に面白かったのは、ある政府高官が、大量破壊兵器に関するブリーフィングをすると言って朝食会を開いたんだ。私を含む何人かの、アメリカと外国の新聞記者を呼んで。そして冒頭で高官が「今日はオフレコです」と言った。そうしたらアメリカのある新聞の女性記者が「なぜオフレコなの？」と声を上げて、しばらく高官とやりとりした挙げ句、「私はオフレコなら入れない」と言って、怒って帰ってしまった。

佐藤　記者は何人くらいいたの？

西村　ごく少数でした。アメリカ、ヨーロッパのある国、日本では私一人。

佐藤　西村さんはそこにいたんだよね。20年経って、話せる内容はある？

西村　いまから思えばそこまでの重大な機密内容ではなかった。大量破壊兵器政策の最新の情報を話しますよ、という趣旨だった。数年後、いやもしかすると数か月後にはオープンにしても問題のない話題だったと思うよ。

佐藤　それでもその高官がオフレコにした意図というのはなんだろうね？

西村　その時点ではリアルタイム情報だったからじゃないかな。逆にいうと、出て行ってしまった彼女はリアルタイムで、そこで話されると予想される内容を書きたかったんだと思う。それとすでにある程度、自分もしくは同僚が取材で情報を摑んでいたか、摑む自信があったのかもしれない。オフレコ前提で話されたら、取材で得た内容も書けなくなってしまうからね。私は彼女の怒った背中をいまでも覚えている。東京ならともかく、ここはワシントンだ、せっかくのチャンスだから、自分だったらあそこまでの行動はできないな、と思いながら部屋に残りました。

記者としては、できればオフレコは避けたいのは当然。気持ちはよくわかる。でも情報源を明示するオンレコで引き出せなかったら、バックグラウンドでもオフレコでもいいから情報がほしいと思います。実際にワシントン駐在時代、ホワイトハウス、国務省、国防総省の取材でいちばん多かったのはバックグラウンド。まさにバックグラウンド氾濫状態だった。参加者を絞ったブリーフィングでは、私も、日本関連の話題以外、たとえば中東和平交渉や米露関係に関する国務省高官による少人数バックグラウンドブリーフィングにも出席したことがありました。

佐藤　バックグラウンドは、情報を伝える側としては、政権としてのメッセージや政策の狙いを記者に伝えたいけど、発言者の名前を明示されると相手国や議会との間で問題になる恐れがある場合によく使うよね。

西村 メディア側としては、政権の考えや思惑に迫ることができる貴重な場ではある。もっともアメリカではその後、バックグラウンドルールが少し書き換えられました。発言者は匿名のままで仕方がないにしても、情報源の属性をもう少し具体的に書こう、と。たとえば、「○○について知り得る立場にあるが、△△の理由で名前を明かせない事情のある人物」というように。少しでも透明性を高めたいという狙いからでした。これなんかは、高官、幹部、筋といった表現が大量にあふれている日本の記事に比べるとまだ親切だと思いますが。

佐藤 でもロシアの場合はそもそも、複数人がいたら決してオフレコとは言わないな。「二人の間でなら秘密の話も、三人で話せば翌日には隣の犬も知っている」という感覚が常識です。

西村 そうだね(笑)。本来はオフレコって、一対一の取材の場において、相手がオフレコを条件に提起して、こちらがそれを飲むか飲まないかっていう、そういう駆け引きに使うものです。

佐藤 でもさ、私なんかは人が悪いからこう思う。そういう記者と取材源のオフレコルールが厳しいところなら、性的な関係を持って情報源にしちゃうほうが早いって。公にできない、社会的に糾弾されるような手段を使った場合、社会的に全生命を失うのは官僚だからね。「私はいつでも本当のことを話せるわよ」と耳元で囁くだけで、ずっと情報源として使えるんじゃないかって。

西村　それと同じかどうかは別にして、実際に有名な話はいくつかあるよね。ホワイトハウスの報道官と、有名な新聞社のホワイトハウス担当記者が恋人関係だったとか。これはアメリカの政治ドラマのモデルになったぐらい有名な話。あと私も直接取材したクリントン政権時の国務省では、CNNの花形キャスターと恋仲だった報道官もいたな。

佐藤　インテリジェンス機関によっては、こういう手法をとる場合もある。そして引っかかる官僚は少なくない。実際にそういう例も見聞きしました。

西村　小説や映画でもそういうストーリーは多いよね。でもこれってやはり難しい問題だと思う。私は最初に、本来、情報源と記者とは友だちにならないし、なれない、と言ったでしょう。それは恋愛感情でも同じことが言えると思っている。関係を隠さずに世間に公にすればいいという議論がアメリカでは実際にあったのだけれど、そう簡単な問題でもない。やはり距離は取ったほうがいい。だから取材者と情報源で、そういう関係に持ち込んでオフレコの特異点になろうとする人間が寄ってきたら、それはもう断ち切るしかないと思う。

官僚が意図的に情報を流すとき

西村 話を佐藤さんのバックグラウンドブリーフィングに戻そうか。

たとえば1997年7月に当時の橋本龍太郎首相が経済同友会で行った「ユーラシア外交」演説、演説がつくられるまでの経緯とそれを受けた水面下の日露の協議、同年11月クラスノヤルスクのエニセイ川船上で2日間にわたって行われたボリス・エリツィン大統領との日露首脳会談、そして続く翌年4月の川奈首脳会談。私は佐藤さんから、内密でさまざまなオフレコ、バックグラウンド、ディープ・バックグラウンドのブリーフィングを受けていました。佐藤さん以外にも何人かの情報源からほぼリアルタイムで情報を得ていました。扱いに迷った情報もありました。まさに同時進行中の交渉、これから丁々発止の、歴史に残るかもしれない本格交渉が始まるというときです。交渉方針にかかわるオフレコ情報については、交渉を前に相手側に日本側のポジションが筒抜けになる恐れがあり、極めて慎重に扱いました。いったん交渉が始まれば、いろいろな応酬、場面、エピソードが入ってきますので、報道しますし、事前のバックグラウンド情報などは、主に新聞や雑誌の検証記事や、後日改めてのオンレコインタビュー企画などにも活用していました。

佐藤 西村さんは、朝日新聞の元モスクワ支局長の森信二郎さん（故人）と一緒に動いていたよね。

西村 そうそう。あの頃は政治部の外務省詰めではなかったので、かえって動きやすかった。

佐藤さんとしては交渉事をリアルタイムで右から左に記事にされるとは思っていなかったんじゃないですか？　佐藤さんの立場を推測すれば、むしろ間違った方向性の記事を書かれないようにという意図があったんじゃない？　記者に方向性の違う記事を書かれたら、それは佐藤さんたち政府の当局者の立場からすれば外交交渉を歪めることにもなりかねない。だから私も含めて何人かの信頼できる記者に対して、あらかじめ情報を出しておくのだろうと、当時は解釈していたんだけれど。

佐藤　そのときはそうだったかな。それと、このままだと確実に交渉が行き詰まるという状態のときには、極めて正確な会談情報をリークすることもあるよ。何をしていたかっていうことを、誰かに知っておいてもらわないといけないから。

西村　なるほど、記録者としてのメディアの役割もあるよね。もしかしたら官邸や外務省の中には、そうして情報を出すこと自体が「国益を損なう」と考える人もいたかもしれない。しかし、これが正確な会談情報だ、というものは後世のためにもきちんと記録しておかなければならないね。

佐藤　具体的に話せるところまで言うと、1998年4月の川奈日露首脳会談、ここで日本は、北方四島についてこんな提案をしたんだよね。四島という大枠は維持するけれども、択捉島と得撫島《ウルップ》の間に国境線を画定する。そして別途合意するまでの当面の間は、四島の引き渡しは求めない。なおかつ四島の共同経済活動を発展させていく、という提案。それは日本が平和条約をつくれば、必ず歯舞群島、色丹島は戻ってくるんだと。ここの前提のところを崩すという、日本政府として大きな転換だった。この内容を外務省はごく限られた記者にリークした。日本政府の路線転換を正確に理解してほしいからだった。

西村　のちにはだいぶ広まったけれど、当時は、川奈会談の日本側の提案っていうのは、本当に極秘中の極秘だったから。もしリアルタイムで報道したら、日本政府のポジションペーパーが全部ロシア側に伝わってしまうという局面があった。もちろん、情報源との信義を踏まえながら書くべき理由とタイミングは自分たちの責任で判断する、っていうのが原則です。その上で、いくつかの事前情報は、いったん寝かせてから総括的に書くという手法も何度か使った手だった。

佐藤　もっとも、もしオフレコが破られて手の内が相手にバレても、記者を恨みはしない。そういう人間を信じてしまった自分の見る目のなさを反省するしかないんだよね。オフレコっていうのはあくまでも紳士協定だから。記者たちには知る権利に奉仕する建前があり、他方で、官僚との個人的信頼関係がある。信頼関係よりも圧倒的に知る権利のほうが重ければ、その人間との関係を切ってオフレコを破るよね。それはその人の職業的良心だから。そういうものと思って付き合っていたよ。

外交交渉の種明かし

佐藤　余談だけど、川奈提案の提唱者は私なの。焼き鳥屋で思いついたんだよね。肉が串にくっついて外れなくて、でも手前からぎゅっぎゅっと押してやっと外れたとき。そのときにはっと気づいた。そうだNATOの東方拡大が起きると相当ロシアを刺激する。おそらくロシアは静謐戦術を取るだろう。ここでロシアをいざなってみたらどうなるだろう？　でもエリツィンは56年宣言（日ソ共同宣言）に激しく抵抗していた。それは自分の苦手な法律で言いくるめられているような気がしているからだろう、だったらものすごくわかりやすい話にして、日本が大胆に譲歩する案を出せば……って。

西村　焼き鳥屋で生まれたその提案が、まずクラスノヤルスク会談で昇華したわけだ。

佐藤　クラスノヤルスク会談も、当初のロシア課長の組み立ては「かみしもを脱いで、ネクタイを外して、お互いに一切の結果は求めない。個人的な信頼関係を築こう」というものだった。西村さんたちにもバックグラウンドブリーフィングでそう伝えたよね。

西村　当時はそう聞いていたね。キーワードは佐藤さんがいま言った「かみしもを脱ぎ、ネクタイを外して個人的な信頼関係を構築する首脳会談」というものだった。そのとき私はこう思っていたんだよね。当時エリツィン夫人のナイーナが「夫は外国に二人の友人がいる。クリントンとコールだ」と言っていたでしょう。ドイツのヘルムート・コール首相とはサウナをともにする親密な仲でした。モスクワが内戦状態となったモスクワ騒乱事件でも、チェチェン戦争でも、危機に陥るたびにエリツィンはコールに相談していた。そして二人の関係性は、旧東独からのロシア軍撤退やNATOの拡大といった難問の処理にも大きな役割を果たしていました。だから「かみしもを脱いだ非公式会談で個人的な信頼関係を築く」という発想は、コールとエリツィン、あるいはクリントンとエリツィンの関係を研究しての布石なんだろうなと思って聞いていました。

佐藤　そう、エリツィンはサウナが好きだから、じゃあ一緒にサウナに入るか、とか。でも「触ってくるかもしれません」と言ったら橋本龍太郎さんがものすごく嫌がって。狩りはどうですか、っていったら「生き物を殺すのは嫌だ」ってこれも抵抗されて。それで魚釣りになったんです。

そんなことをしている間も、私は懐疑的だったんだよね。それでいいのかって。そこで個人的に、エリツィンの側近だったゲンナジ・ブルブリス（元国務長官）に相談したら、やはり「エリツィンはそんなに暇じゃないから、本題である北方領土問題に切り込んでくるはずだ」と。だから「サウナも魚釣りもいいけど、その先のシナリオも用意しておくように」ってアドバイスをされた。ただこれはリスクもあるんだよね。もし向こうがそんな話を振ってこなかったら、空振りになるから。しかし私はリスクを取ることにした。そこで、橋本さんがエリツィンから何かを教えてもらうという形式に組み立て直したんだ。

西村　心理戦を仕掛けたんだよね。

佐藤　ただ教えてもらうだけじゃ一方的なゲームになるから、こちらも何かを教えられるようにしたい。そこで考えたのが、日本酒の大吟醸と、カメラ。カメラは橋本さんからの提案だった。橋本さん自身が写真好きだったから。私は一眼レフは難しすぎてエリツィンがぶん投げるのでは……って思案していたんだけど、その場にいた鈴木宗男さんが「ズームレンズが伸び縮みするのがいいです、ちんぽみたいに立ったり引っ込んだりするんです」って言って場を和ませた。ただ橋本さんが「そういう下品な話は聞きたくない」ってものすごく嫌な顔をしていたのをよく覚えてる。

西村　でも結果オーライだったんだよね？（笑）

佐藤　鈴木さんが提案したズーム付きカメラになった。使い方を説明したらエリツィン、にたっと笑って「さて、クリル（北方領土を意味するロシア語）の話を始めようか」って。もうあとはフリーハンドの世界で、サウナも準備していたけど、必要なくなった。

西村　面白いね。官僚があらかじめ心理的駆け引きの舞台を用意する、でも当日はシナリオ通りにはならない、そして、実際は本命の外交交渉に転化していくという展開だね。
ただ当時佐藤さんから聞いた話でよく覚えているのは、世界中で、エリツィン夫人さえ信じていたエリツィンとコールの親密すぎるほどの信頼関係を、外務省は懐疑的に見ていたこと。エリツィンはコールを信頼しきっていて、自分が心臓手術を受ける際にも事前にそのことを伝えているんだよ。大統領の健康状態、しかも心臓の手術だなんてそれこそ国家機密情報なのに。そして、それを聞いたコールはドイツの高名な医師をモスクワに派遣している。でも佐藤さんは私へのバックグラウンドブリーフィングで「コールとエリツィンの関係は、国家の意思を体現した、現実的な関係なんだ」と言っていたね。個人的な関係と言っても情緒的なもんじゃない、って。

佐藤　コールは、ドイツ統一のときはゴルバチョフと本当の親友みたいに振る舞っていたのに、ゴルバチョフが失脚してからは一度も電話しなかったからね。そういう人なんだよ。

西村　そういった文字通りの「バックグラウンド」も頭に入れておかないといけないね。

佐藤　ただズーム付きカメラには後日談があって。98年5月のイギリス・バーミンガムで開かれたG8のときのこと。G7の首脳会合がだいぶ延びて、そのときに手持ち無沙汰にしていたエリツィンが、橋本さんの渡したカメラをいじっていた。写真も撮っていた。気に入っていたんだ。少なくとも公の場で気に入っている、というポーズを取るほどには。だから外交的にもあのとき、もう少し踏み込んでおけばよかったんだよね。鈴木さんも私も、かなり強く進言していたのだけれども。

西村　その後、橋本龍太郎氏の参院選敗北、ルーブル危機とエリツィンの健康問題とあって、せっかくユーラシア外交演説からクラスノヤルスク会談、そして川奈会談へと開けた道がいったん止まってしまったから。

佐藤　政局が変われば外交関係も変わるのは当然。橋本さんとの関係は小渕さんにはつながらなかった。プーチンに関してもそう。森元首相とプーチンはスタートの時点から情緒的な関係であり非常に強い信頼関係があった。森さんもプーチンに自分ががんであることを伝えていたり、個人的な話をいろいろとしているからね。安倍さんとはそこまで深いものではなかった。そういった個人間の関係は計算だけではどうにもならないところもあるけれど、つなぐ努力もできないのはもったいないよね。

記者を攪乱する手口

西村　エリツィンといえば、もう一人、親密な付き合いとされていたクリントンとの間にもこんな場面があったな。1995年、私がニューヨークに出張して米露首脳会談を取材したときの話なんだけど、記者会見に現れたエリツィンはひどく酔っ払っていたんだよ。そしてわれわれ記者団を指さして、「君たちはこの会談が失敗すると書いたが、失敗したのは君たちのほうだ」ってわめき出した。みんなびっくりしながら、吠えて暴れるエリツィンの姿を撮影し、ロシア語の暴言を録音し始めた。すると、隣に立っていたクリントンがいきなり笑い出したんだ。身をよじらせて、涙を流しながら。

佐藤　それ、ニュースの動画で見た覚えがある。

西村　あったでしょう。クリントンはずっと笑い転げていて、われわれはさらに混乱したんだ。エリツィンの酒癖が悪いのはいつものことだけど、今度はクリントンがどうにかなってしまったのか、一体何がそんなに面白いんだ、って。全く訳がわからなかった。でもとりあえずカメラはまわすよね。エリツィンと、クリントン両方に向けて。

結局どういうことだったかというと、クリントンが機転を利かせてわざと道化を演じたんだ。「二人で揃っておどければ、メディアがエリツィンの飲酒だけに焦点を当てるのを中和できると計算した」とのちに語っていた。そして、こうぽつりとつぶやいたのだとか。「酔っ払いのエリツィンのほうが、エリツィン以外のしらふの大統領よりマシだ」と。

佐藤　アメリカ大統領らしいコメントだね。

エリツィンにはわれわれも振り回されたな。いまの話で思い出したけど、1998年11月のモスクワでの日露首脳会談の最後に、エリツィンは小渕首相に晩餐会を欠席すると伝えてきたんだよ。代わりにプリマコフが出席する、と。理由は言わなかったけれど健康状態によるものであることが明白だった。それで小渕首相がまたひどく機嫌を損ねてね。鈴木宗男さんと一緒に呼ばれて行ったら、靴を履いたままベッドに寝っ転がってチューインガムをくちゃくちゃ噛みながら「俺が出発するまで、エリツィンの健康状態が悪いって話は絶対に表に出ないようにしろ」と。

西村　難問だね。私はその場にはいなかったけれど、もし晩餐会にエリツィンが来なければ、記者団みんなが疑問に思って一斉に取材を始めるのは目に見えている。

佐藤　鈴木さんと二人で「困ったなー」と頭を抱えたよ。そして苦肉の策で、ちょっとした策を弄することにした。その日の夕刻、合意文書である「日露の共同声明（モスクワ宣言）」を発表する予定だったんだけれど、ロシア側と擦り合わせて遅らせることにした。晩餐会直前に私が記者たちに緊急のブリーフィングを行って「発表が延期になります」ということにしたんです。

西村　それは夕方？

佐藤　午後6時。時差6時間だから日本時間だと夜の12時。

西村　それは記者は慌てるね。降版時間、つまり最終締切の1時間半前だ。もう日本に予定稿を送ってるでしょう？ みんな。いまみたいにネット上で簡単に差し替えられるものでもない。

佐藤 そう。延期ってなんだ、朝刊に間に合うのか、ってみんなざわついて。その中で北海道新聞の記者が「東京宣言の確認ができないんですか？」っていう質問をしてくれたんだよね。東京宣言の確認っていうのはこの共同声明のいわば肝で、そこが変更になったらそっちのほうが大ニュースになる。場は一気に大騒ぎになった。私は腹の中でしめしめと思いながら、「ですからっ！ その点も含めて鋭意協議中なんです！」「皆さんのご期待にそえるように全力を尽くします。しかし、ともかく相手のあることですので」とごまかして。そして最後に「ちなみに、こうした事情で文章がまとまっていないので、晩餐会にエリツィンは出席しません。代わりにプリマコフ首相が出席します」とさらっと告げてブリーフィングを終えたんだけど、もうみんなそれどころじゃない（笑）。

西村 新聞に大誤報が載ってしまうからね。

佐藤 そして9時過ぎ、晩餐会が無事に終わったところでもう一度記者を集めて「東京宣言の確認が入りました。予定通りの文書になりました」と報告したら、拍手喝采してくれた。よく頑張ってくれたって。エリツィンの健康状態悪化の話は全く表に出なかったよ。

西村 そんな巧妙な手を使ったのか！ まあ、エリツィンの病状は世界の注目の的だったから、記者たちも真相を知ったら悔しがるでしょう。大統領が晩餐会を欠席せざるをえないほど交渉がもめているると誘導されれば、その3時間は気が気じゃなかっただろうね。

佐藤　ある情報を隠すために偽装論点をつくるという手口は、インテリジェンスの世界ではよくやるね。秘密をガッチリ守ろうとするとむしろ目立ってアタックされやすい。だから偽装論点をつくって、目をそらす。

西村　クリントンの大笑いも同じ発想だね。

報道された事実を潰す手口

佐藤　ちなみに、掴まれたくない情報を掴まれて、確実に報道されるとわかったら、こちらは必ずライバル社にも同じ情報を流すのもセオリーの一つです。

西村　同着にするの？

佐藤　同着よりも少し先に流す。

西村　同着にさせるというのは政治報道でも事件報道でもよくやられる。情報を抜いた側としてはこれほど悔しいことはない。

佐藤　そういった例は数えきれないほどあるよ。でも外交文書を抜かれたときは困ったな。国内ならどうとでもなるけど、外交文書の場合は相手の国の問題にもなってしまうから。ロシアと合意している文書をある新聞記者に抜かれてしまって、モスクワまで行ってかけあって、文書の名称と順番を入れ替えてなんとか事なきを得たこともある。

西村 特ダネを取った記者としてはこれほどいやな話はないけれど。具体的に話せる? 取られた情報の潰し方について。

佐藤 話せるよ。あれは、ロシアの原子力潜水艦クルスク号が沈んだときのことだ。私は鈴木宗男さんに同行してユジノサハリンスクにいた。ある朝、東郷(和彦)欧亜局長から電話があって、「次の日露首脳会談の極秘文書の日露メモランダムが新聞に載っている。出どころを探ってくれ」と言われたんだよね。鈴木宗男さんから出たんじゃないかと疑っている様子で。でも私はそんな文書は見た覚えがなかったから「私はそのメモランダムのことを全く知らされていませんよ。私の知らない文書が鈴木さんに抜けているんですか?」と尋ね返したら「それもそうだな。慎重に聞いてみてくれ」と。で、一応、鈴木さんに確認したら、やっぱり知らないと言う。鈴木さんから「なんでそんなものが漏れているんだ。徹底的に調べろ」という話になった。その文書の内容を知っているのは、次官、外務審議官、欧亜局長、条約局長、ロシア課長、条約課長の6人だけ。「さて、誰だ」と鈴木さんは怒り心頭で、「野を越え、山を越え、草の根かき分けてでも探し出して来い」という厳命が下った。

西村 情景が目に浮かぶよ。鈴木さんは怒ると怖いから。

佐藤　結果として、まあロシア課長だろうという当たりはついた。本人は最後まで認めなかったけど、懇意にしていた記者にほだされて渡しちゃったんだろうな。しかしさて、犯人が見つかったところで、漏れた情報は戻らない。ではどうしようかと思っていたところで、川島（裕）次官に「おい、佐藤。これ結果誤報にできないか」と。

西村　なるほど、結果誤報か。

佐藤　結果誤報とは何かというと、取られた文書の名前と順番を組み替えて誤報にすること。本当は決裁済みの正式な文書を取られているんだけれど、「その文書は途中段階の中間文書でした、正式な文書ではありません、あしからず」とシレッとやってしまう。これは国内ならわりと簡単にできる。

西村　相手のある外交文書でそんなことが簡単にできるとは思えないね。

佐藤　たしかに簡単ではなかった。何せ外交文書だったからかなり面倒だった。相手のあることなので、いったんフィックスした文書は簡単には結果誤報にはできない。当時はロシアとの信頼関係が絶大だったからできたんだよね。すぐにロシア外務省と話をすり合わせて、「メモランダム」というタイトルを「なんとか声明」みたいに変えて、順番も組み替えちゃった。でもさすがにロシア側から文句を言われたよ。「情報管理しっかりしろ」って。

西村　情報を取った記者のほうはどうなった？　その記事、もう掲載済みだったんだよね？

佐藤 最終合意文書として新聞に掲載したあとで、中間文書を掴まされたことになったんだから、それは大恥をかかされたと思うよ。その記者は、かわいそうにしばらく経って異動になったって。

西村 結果誤報のからくりは知らないまま？

佐藤 それが、外務省内の情報漏洩疑惑の当人であるロシア課長が、結果誤報のからくりもその記者に話しちゃったんだよ。「あれは佐藤が結果誤報にしてきたんだ」って。つまり自分が最終文書だと言って流したものだから、その記者に対して弁明しなくちゃならなくなったんだろうね。佐藤にやられた、佐藤のせいだ、佐藤が悪い、という言い方をしたようだ。だからその記者にはそのあとえらく恨まれた。

西村 そりゃあ、そうなるよね。

佐藤 しばらくして前原誠司氏が外務大臣になったとき、その記者が前原氏に「佐藤優を信頼しているようだけれど、絶対にやめたほうがいい。あんな陰険で恐ろしい人は見たことがない。何をされるかわからないから、付き合わないほうがいい」というメールを送った。この事実関係については確認してある。

西村 これは後知恵だけれど、完璧な最終文書のフォーマットとしては出さないという手もあったかな。それだと政権側の「結果誤報戦術」を中和ないしは抑止できる。あるいは、その記者にしてみれば外交文書だから結果誤報にはならない、と踏んでいたのかもしれない。

佐藤　そうだね。もし要旨として書かれていたなら、われわれは手を付けられなかった。それに、そこまでの問題にもならなかったと思う。一字一句違わない文書だったから、内容にかかわらず情報漏洩という意味で見逃すことができなくなったんだ。6人しかいないところから情報が抜けたというのは役所として大問題だからね。記者には気の毒なことをしたけれど、外務省だって自分の身を守らなくちゃならない。

西村　そのロシア課長はその後?

佐藤　いや、課長はその後の重要な会議から全部外された。人事にも影響した。それで課長からも恨みを買って、そのことが結果的に、私が逮捕される事件にもつながってくるんだ。

西村　われわれが難しい外交交渉やもめた国際会議などの検証取材をするときは、複数の情報源への取材をもとに、公表されていない一問一答のやりとりを再現することがよくあります。たとえば湾岸戦争のときは、日本政府とホワイトハウス、国務省の取材から、ブッシュ（父）政権と海部政権との突っ込んだやりとりを掲載したんです。ただ、こうしたやりとりが「公電」経由で入ってくる場合もある。そんなときは、いまの「6人」じゃないけど、在京大使館を含めて「犯人捜し」のために相当な探りが入ります。やりとりそのものは、ずっとあとになって外交文書の公開で明らかになるような生々しい内容なので、記録のためにぜひ掲載したい。

しかし、そのまま載せると情報源に迷惑がかかる。かといって、発言内容を勝手に丸めることもできない。非常に難しい判断となります。

誰かに真実を語りたくなるとき

西村 さっき佐藤さん、「何をしていたかっていうことを、誰かに知っておいてもらわないといけない」から、バックグラウンドで情報を流すと言ったよね。それで思い出したんだけど、『最高首脳交渉』（ストローブ・タルボット、マイケル・R・ベシュロス、同文書院インターナショナル、1993年）という、当時の政治外交記者の書いた金字塔のような本があります。書いたのは元タイム誌ワシントン支局長で、のちに国務副長官にもなったストローブ・タルボット。私はアメリカでインド・パキスタンの核開発問題などで何度か取材をしたことがありますが、アメリカのロシアスクール（ロシア専門家）で、若い頃から頭一つ抜けたものすごく優秀な人でした。オックスフォード大学留学中はのちに大統領となるクリントンと同室で、クリントンにオムレツをつくってもらいながら、フルシチョフのメモワールを翻訳していたという逸話もある。

佐藤 タルボットは、アメリカのシンクタンク、ブルッキングス研究所の所長をしていたね。

西村　そう。そのタルボットは当時、ゴルバチョフとブッシュの首脳交渉のすべてを、ほぼリアルタイムで手にしていたんだ。あらゆる機密情報、会談の公式記録、非公式メモを全部。ただし、すぐに公表してはいけない、情報源については伏せる、という二つの条件があった。彼はそれを忠実に守り、後年になってまとめたのが『最高首脳交渉』。もう一人、歴史学者と共著になってはいるんだけど。

なんでゴルバチョフもブッシュも、ゴルバチョフ政権の外相でありグルジア第2代大統領を務めたエドゥアルド・シェワルナゼも、ブッシュ（父）米政権で国務長官を務めたジェームズ・ベーカーも、国家安全保障問題担当の大統領補佐官を務めたブレント・スコウクロフトも、タルボットに全部渡したのかっていうのが話題になってね。いろいろ説はあるんだけど、一つの説は、ブッシュの懐刀だったベーカーが、自分が国務長官として絡んだこの交渉を、立派な記録として信頼できる記者に書かせたかった説。当時、ブッシュは大統領選の再選を狙っていたんだよね。結果的にクリントンに負けちゃうんだけど。そしてベーカー自身、将来の大統領選出馬を狙っていた。そのときの武器として、政治的な野心のために記者に書かせた、と。

ただ、シェワルナゼがなぜ自分たちの外交交渉を全部アメリカの記者に渡したのかはわからなくて、佐藤さんの意見を訊きたかったんだけど。シェワルナゼも自分の将来の担保、保険として何か記録に残そうという、そういう計算があったのかな。

佐藤　あったと思うよ。シェワルナゼは、ゴルバチョフとペレストロイカを強烈に批判したソ連空軍大佐アルクスニスらの蠢動《しゅんどう》により、保守派から攻撃される形で辞任を余儀なくされた。「黒い大佐（アルクスニスのあだ名）どものやりたいようにはやらせない」と捨て台詞を吐いて辞めていったほどで、そのままだとソ連を崩壊させた裏切り者、売国奴ということにされてしまう。自分はソ連を思ってこんなぎりぎりの交渉をやっていたのだ、という事実を記録として残したいという思いはあったんじゃないかな。

西村　自分の政治生命が危うくなるかもしれないという予感があって、保険として、アメリカ人の記者に全部渡して書かせようということだった、と？

佐藤　その可能性が高いと思う。「人間は生き死にに関わる状況になると、誰かに本当のことを伝えたくなる。真実を伝えたいという欲望を持つ」。それはイリインさんから教えられたことだけれども。おそらくシェワルナゼも、近い心境があったんじゃないかな。

西村　アレクセイ・イリイン氏は、1991年8月、ゴルバチョフ大統領が軟禁されたクーデター騒動のさなか、佐藤さんにゴルバチョフの生存という世界に先駆けた極秘情報を流した元ソ連共産党中央委員、元ロシア共産党第二書記だね。

佐藤　保守派の重鎮だった彼には本当によくしてもらった。それにしても、日本──つまり西側、資本主義国の外交官、しかも三等書記官という下っ端に教えてくれるなんて、本来はありえない。私もなぜ教えてもらえたのかわからなかった。事件からしばらく後、二人でウォトカのボトルを数本空けたあとで、思い切って尋ねてみたんだ。そこで言われたのがさっきの言葉。そして彼は、こうも続けた。「信奉しているイデオロギーはなんでもいい。けれど、信念を本当に大切にしている人と、信念を建前として使う人がいる。君は前者だから。うちの党にそういう人間がいなかったのが問題だった」と。

西村　イリイン氏は、その時点でクーデターは失敗するという予感があった？

佐藤　あった。もう先は見えていて、これはうまくいかない、と。だからこそ、自分たちがどういう思いでこのクーデターを起こしたのかを誰かに伝えておきたかった。けれどその状況下で、自分の周囲のロシア人の中には、話せる相手がいなかったんだ、と言っていた。

西村　佐藤さんは、そのときなぜ自分が選ばれたのかはわからなかった？

佐藤　全くわからなかった。大混乱のクーデターのさなかだよ。会えるようになったらいつでも連絡をくださいと伝言はしたけれど、翌日に秘書から電話が来てびっくりしたんだ。まさか会えるとも思っていなかった。

西村　そういうものなのかもしれないね。のるかそるか、生きるか死ぬか、本当に切羽詰まったときには、国籍も立場も関係なく、個人として、人間として本当に信頼できる人に歴史の真実を話したくなるということだね。

佐藤　そのあたりは計算を超えたものがあるよね。

西村　そういった関係性の構築と、本当の意味でのオフレコとは関係があるかな。記者としては、オフレコ文化にどっぷり浸かっていたら絶対にだめだというのは言うまでもないし、ここに妥協はないんだけれど、個人的な、なあなあの関係ではなくて、究極の状況で、人間と人間の信頼関係が問われるという局面になると、切り捨てられない部分があるよね。

佐藤　スペクトルではつながっているでしょうね。

西村　そして記者としてはもちろん、武器にもなります。ところが、政府のオフレコ文化に安住して、官僚とも身内のような感覚になって、同じサークルの中に閉じこもって、そこでしか得られない情報をもらうことに満足する。でもそれってもう、取材者と情報源の関係ではなくなっているんだよね。

佐藤　内輪感覚で、一緒に同じ政策をつくっていこうという方向性になってくるから。実際にいち早く政府の動向を記事にできるのだから、傍目《はため》にはよく情報を抜く記者だってことにもなるだろうし。特捜を担当しているような社会部の記者のほとんどは、このタイプじゃないかな。本人は情報を抜いたと思っているかもしれないけれど、実態としては、特捜の描く事件づくりの環境整備に利用されている。

西村　政治でも事件でもそれがデフォルトになりつつあるのが問題なんだよね。あくまでも信頼関係ならいいのだけれど。

記者がオフレコをあえて破るとき

西村　原則論として、オフレコの約束は、破られてはならないという道義的な責任を伴います。一般的な原則としてね。ただ、危ないのはオフレコに安住すること、つまり、オフレコありきがメディアのデフォルト状態になってしまうことです。オフレコ浸けになっているからむしろ、オフレコを破るケースがわれわれの間で話題になります。

たとえば岸田首相の元秘書官のＬＧＢＴＱに対する発言。２０２３年2月1日に行われた衆議院予算委員会で、岸田首相が同性婚をめぐる問題について「制度を改正するとなると、家族観や価値観、社会が変わってしまう課題だ」と述べました。その数日後、当時の秘書官が記者団に対してオフレコで、同性婚の人たちに対し「僕だって見るのも嫌だ。隣に住んでいるのもちょっと嫌だ」などと話した。その事実を毎日新聞の記者がオフレコを破って記事にして、大問題になって元秘書官は翌日、更迭されたわけだけれども。もちろんオフレコは、基本的には守らなきゃいけない。それが原則ではある。でも、毎日新聞の記者は、首相のスピーチライターも兼務する秘書官が、ある意味ヘイトスピーチに近い発言をしたことを、見過ごせなかったんですね。

佐藤　２０１１年11月末にも同じ論理で琉球新報がオフレコ破りをしました。当時の沖縄防衛局長が報道各社との非公式の懇談の場で、名護市辺野古での米軍普天間飛行場の代替施設建設に関して、政府が環境影響評価（アセスメント）の評価書の提出時期を明言しない理由を問われて、女性への性的暴行にたとえた問題発言をした件について。

西村　「犯す前に犯しますよと言いますか」という発言ですね。

佐藤　28日夜の発言が、29日の朝刊で記事になったんだけど、私は朝5時の更新と同時に電子版で読んだ。7時過ぎに琉球新報に連絡しました。そこでオフレコ破りの過程を聞いたんだけど、いま琉球新報の社長になっている普久原均さんが中心となって動いたんだね。「国民の知る権利のために記者をやっているから、さすがにこんなひどい発言は看過できない」と言って、防衛局に事前に通報した上で紙上で報じることにしたそうです。防衛局には「報じたら出禁だ」と脅されたらしいけど、「上等だ」と言って対応した。なぜなら琉球新報は、毎日新聞と提携しているから、出禁にされても情報は毎日からやってくるから問題なし、と。

西村　つまりオフレコを破ることで不利益を被っても、それを補って余りあるだけの報道する価値、知る権利に貢献する価値があり、さらにオフレコ破りに伴う具体的な実害をカバーできると判断して踏み切ったケースといえます。

佐藤　これには余談があって。琉球新報とやりとりをする前なんだけれど、午前6時に、斎藤勁《つよし》官房副長官を電話でたたき起こしたんだ。

西村　佐藤さんが？

佐藤　そう。朝早くて申し訳なかったけど。これは沖縄で火がつきます、「民主党政権はこういう発言をする人を放置している」となりますよ、と自分の認識を伝えた。斎藤さんはすぐに理解してくれて、その日のうちに防衛局長を更迭した。そして私は『毎日新聞』の紙上で、オフレコ破りをした琉球新報を擁護する記事を書いた。オフレコというのはあくまでも紳士協定であり、報道機関は国民の知る権利のために奉仕する。その二つをかけて圧倒的に後者が大きければそのときはオフレコを破っても構わないのだ、と。私が防衛省の官僚だったならば、琉球新報から通報があった直後に緊急記者会見を行う。すべての新聞社、通信社、テレビ局に声をかける。そして、「防衛局長がオフレコであれ、不適切な発言をした。全面的に撤回するとともに、謝罪する」とした上で、政府の公式な立場を述べる。そうすれば琉球新報のスクープではなくなる。また、琉球新報を含め、報道機関は防衛省の釈明も併せて報道せざるをえなくなる。こうしたダメージコントロールをしただろう。

西村　このようにオフレコを破るとき、メディアは覚悟を問われます。どこでその発言を聞いたのか、なぜオフレコを許容したのか、どういう経緯でオフレコを破るという判断をしたのか、その判断基準は何か、それらをすべて報じなければならないし、その決断が読者と社会の検証に耐えうるかということもテストされる。ただオフレコの内容を流すだけではフェアじゃない。

佐藤 琉球新報はそこを丁寧にやったんだよね。だからその後、ほかのメディアもオフレコ破りに際して、その論理構成を使うようになった。

西村 毎日新聞のLGBTQ発言問題もそこの延長上にあると言えるってことかな。

佐藤 そういうことだよね。

西村 公文書が廃棄されたり、黒塗りで出てきたりすることがいまだに頻繁に起きますよね。日本では「のり弁」と言われるし、情報公開先進国アメリカでさえ、黒塗りが多いと「まるでソ連の抽象芸術だ」と言われます。だからこそ、情報を引き出すためにはオフレコ取材は必要だし、内部告発や調査報道の出発点としてオフレコ情報はとても重要な役割を担っています。一方で、いやいや、だからこそ、できる限り情報源は明らかにしろ、明示させなければならない、という議論も、昔も今も強くあります。

「記者は情報を取るために情報源を匿名にしたりオフレコの条件をのんだりする。でもそのために真実がわからなくなるかもしれない」というジレンマ、葛藤はいつの時代にもあるよね。佐藤さんと話してきたような「日本型オフレコ」はたしかに乱立状態。だから、オフレコについては、読者や国民にきちんと説明ができるか、メディアの公益に沿っているか、葛藤の中で常に自問自答しなければいけないと思います。

まずは、オフレコの約束を安易にしてはならない、オフレコ要請に常に応じるべきではない。でも、自分の経験からしても、言うは易く行うは難しです。佐藤さんの「操作術」の一端を明らかにしてもらったけれど、政治家や官僚には、自分の思う通りに記者を誘導したいという計算がいつも働きます。だから少なくとも、オフレコの条件を示された場合、相手の狙いや意図を考える癖をつけなければならないと思います。

佐藤　その通りです。

第三章

記者と官僚の五つの罠

記者と官僚を待ち受ける五つの罠

西村　佐藤さんとは30年以上にわたってさまざまな議論をしてきて、自分自身が記者として参考になったことも多いし、その中には、上の立場になって部下に伝えてきたこともあります。特に、意識しておかなければならないキーワードがいくつかあって、佐藤さんの書いた『国家の罠』（新潮社、2005年）になぞらえていえば、メディアにもいくつかの罠があると思うんです。今回、これまでに佐藤さんと議論してきた内容や、自分の経験を改めて整理してみたいんだけれど、すでに議論した「オフレコの罠」「同質化の罠」に加えて、大きく分けると五つの罠があるんじゃないかと思っている。

1　国益の罠
2　集団思考の罠
3　近視眼的熱意の罠

4 両論併記の罠
5 両論併記糾弾の罠

まず、国益の罠。二つめが、集団思考の罠。メディアとインテリジェンスがどちらも翻弄されたウィキリークス事件や、最大の失敗ともいえるイラクの大量破壊兵器報道の失敗についても、この二つの罠で説明できる部分が大きいはず。

佐藤 たしかに。

西村 三つめは近視眼的熱意の罠。四つめが両論併記の罠で、五つめがその反転ともいえる、両論併記糾弾の罠。これは記者としての自戒もあって、佐藤さんとここで話をしながら再確認をしていきたいんだけど、どうでしょう。

佐藤 もちろん、いいですよ。

西村 では、世界中のメディアを騒がせた事件を引用しながら、五つの罠を順に見ていきましょう。

国益の罠——ウィキリークス事件をめぐって

西村　「国益の罠」に関しては、ウィキリークスが出てきた頃に佐藤さんと何度も議論をしましたね。

佐藤　私が塀の中から出たあとだったね。ニューオータニのレストランで何時間も話したのを覚えています。

西村　ウィキリークス事件についても簡単にさらっておきましょう。2010年11月28日、ウィキリークスと名乗るハッカー集団がアメリカ政府からハッキングした外交公電約25万件のうち、219件が、五つのメディア——アメリカの「ニューヨーク・タイムズ」、イギリスの「ガーディアン」、フランスの「ル・モンド」、ドイツの「デア・シュピーゲル」、スペインの「エル・パイス」——によって報道されました。

そしてこの25万件の中に約7000件の日本関連の公電がありました。当時、佐藤さんには伏せていたけれど、朝日新聞はウィキリークス側とひそかに交渉をして、約7000件の公電を全部手に入れていたんです。アメリカ国務省や提携紙ニューヨーク・タイムズと連絡をとりながら特別チームをつくってその公電の信憑性、真贋のチェックを行いました。すべての作業が終わり、あとは当時編集局長だった私がゴーサインを出せば報道できるという状況までこぎつけた、まさにその当日、東日本大震災が起きてしまって、掲載にストップをかけたんだけれど、5月頃に報道したんです。

佐藤さんには、私たちがウィキリークス側と水面下で交渉していることはすべて伏せた上で、このウィキリークスをどう見るかと尋ねたんです。たしか当時副大統領だったバイデン氏は「ハイテクテロリスト」と言っていたけれど、佐藤さんは「完全なる透明性を求めるこの集団は、完全なるアナーキストだ」と言い切ったんです。私の記憶が正しければ、ウィキリークスの創始者ジュリアン・アサンジを、プルードン（フランスの無政府主義者）やバクーニン（ロシアの無政府主義者）と並べて議論しましたね。

佐藤　覚えています。彼らの考え方は、国家というものは結局暴力装置でしかなく、人々を抑圧、支配するものだから、そこが持ってるものは全部出せばいい、というもの。それによって国家秘密が漏洩し国益が侵害されようが、そんなことはどうでもいい。抑圧機関がなければ、人間はきちんと共同体をつくっていけるんだ、と。

西村　完全な透明性を求めて国家の媒介を許さないハッキング集団に対して、政府側はそういった公電による秘密の暴露は一切許さない。なぜなら絶対に国益を損なうものだから。われわれメディアは、その中間にある存在です。われわれとしても、政府に完全なる透明性、あるいは秘密性の最小化、そして説明責任を求めてはいるのだけれど、ハッキング集団と同じ土俵に立つことはあり得ない。なぜかというと、政府に透明性とか説明責任を求めるときには、信頼性を担保することが必要だし、それはわれわれ自身の手で取材して点検しなくちゃいけないから。もちろん、これは国益上秘密なんだという政府の言い分を鵜呑みにするわけにもいかない。もし政府が言う通りの国益上の秘密を呑んでしまったら、それはどんどん肥大化し、具体化して、最後はもう政府の思うままになってしまうからね。

佐藤　それは専制的な社会を招くよね。ただし国家は容赦がない。わかりやすい例でいうと西山事件があります。1971年の沖縄返還協定について、外交交渉の取材担当をしていた毎日新聞社政治部の西山太吉記者（故人）が、外務省の女性事務官と男女の関係になり、極秘文書を入手して、当時の佐藤内閣とリチャード・ニクソン米大統領の密約をすっぱ抜いた。西山記者は沖縄密約の真実の一部を明らかにしたにもかかわらず、国家公務員法違反により逮捕され、記者生命を完全に奪われた。

西村　国益を第一に考える政府と、メディアが主張する透明性、説明責任、あるいは報道の自由との間の緊張関係は、とてもしんどい。その衝突に妥協の余地はありません。それが日本では西山さんの事件であり、アメリカではベトナム戦争の裏側を暴いたペンタゴン・ペーパーズでした。ウィキリークス事件は欧米の一部の新聞が直前に報じていたという先例があったとはいえ、自分にとって、「普天間」「北方領土」「核」「政権交代」などについての公電の山を前に、均衡点をどこに置くかという視点での決断を迫られた事件だったと言えます。

当時私は、原稿にこう書いたんです。一部その趣旨を紹介しますね。

「まずウィキリークスは一つの情報源として見なす。金銭のやりとりは無論ない。だから独立した立場でこの内容を吟味した。その吟味にあたっては、公開によってインテリジェンスなどの活動に従事している個人の生命、安全を危機にさらす恐れがあると判断できる場合、諜報に関する機微にふれる情報は掲載を見送った」

外交交渉に著しい打撃を与えるかどうかも考えました。結論から言えば、日本関連の公電にはいわゆる「最高機密」はなかった。でもいろんな外交官の赤裸々な発言、やりとり、感想、解釈、印象がたくさん書かれている。ただしそれが交渉を著しく阻害するとは判断しませんでした。われわれとしては、政府の国民に対する説明に大きな齟齬がなかったかどうかを検証しなくちゃいけない。膨大な断片情報を、この時代の外交の全体の文脈に位置づけねばならない。どのように政策が決められて、日米間でどういう交渉が進められたのか、当時の説明に嘘はなかったのか、アメリカは当時の日本をどう見ていたのかといった点を、メディアとして再検証をしなければならない。これは報道に値することであり、報道機関の使命であると考えて、掲載に踏み切りました。

当時は反対、批判もたくさんありました。私たちは、この集団の情報を右から左に流したのではなく、ジャーナリズム組織として、彼らを情報源と位置づけ、その情報を整理し、背景を調べ、補足し、文脈に位置づける作業をしたのですが、ハッカー集団の公電を流すなんて国益を損なう以外の何物でもないといった批判は、政府やその周辺の関係者から寄せられました。おまえたちは国益を損なうのか、という、これはもうずっと昔からあるロジックに対して、メディアとしてどう対峙するか、ぎりぎり判断を迫られた経験でした。

佐藤　非常に重要な話だね。自分の原則をどこに置くか。ある情報を知ってしまって、自分たちが検証する限りにおいて真実であると、職業的良心に対して真実相当性があるところまでいければ、それは原則書くべきだよね。完全な真実だっていう確証までは要らない。

西村　西山記者もそうでした。

佐藤　それは記者という人たちの職業的良心なんだよね。しかし同時に、自分たちが報道した結果として、どういう国益上の被害があるかを具体的に想定して覚悟もしておかなければならない。

西村　国益上の被害をケースバイケースで毎回ぎりぎり考えるという、そういう経験の蓄積がないと、「お金を渡すから都合のいい原稿を書いてくれ」という悪魔のささやきに、あまり考えずに乗ってしまう記者が出てくる恐れがあるわけだ。

佐藤 そういう記者をつくるのもまたこちらの仕事だったわけだからね。

西村 さきほどの話だね。与党の記者をなるべく増やす、言うことを聞かない記者は干す、という。

佐藤 渡すのは金だけじゃないよ。たとえば、モスクワで夜遊びを望んでいるやつには何でもがんがんと斡旋する。会社の取材費で何やってんだって話にもなるし、家庭にバレたら困るとか、世間体とか、いろいろあるからね。

そういった弱みをその後こちらから持ち出すことはしないよ、よほどのことがない限り。でも公にされたくない情報を知っている相手には強くは出られないよね。私は一緒になって遊んだりは絶対にしないから。

ほぼすべての書類が「禁　無期限」とされている事実

西村 もっともメディアも現在進行形の、あるいはこれから行われようとしている外交交渉を著しく損なうことをしたいわけではないから、何がなんでも目の前の特ダネ優先、とはなりません。情報を公にすることで、情報源となる外交官やインテリジェンス活動に従事する個人の生命に危険が及ぶ場合、現在まさに進行中の高度の外交交渉がそれによって破綻する恐れがとても高い場合には、メディアなりに明らかにすべき情報の均衡点を設定する必要があると思っています。

佐藤　ありがたい配慮ではあるけれど、後者の「国益を守る」に比べると、前者の「生命の保全」はずっと軽いですね、官僚側としては。これは世間の感覚とは少し違うのだろうけれど。

西村　佐藤さんからすると、外交交渉が壊れるリスクのほうが、生命のリスクより大きいということ？

佐藤　そう。日本では忘れている人のほうが多いけど、国際基準では「無限責任を負う仕事」と呼ばれる職業があります。要するに、命と職務遂行を天秤にかけた場合、職務遂行を優先することが当然の職業。たとえば軍人、警察官、消防署員。インテリジェンスオフィサーと外交官もそう。公務員だから当たり前です。そういうことをわかった上で手を挙げた人が就く職業なのだから。生命至上主義は戦後日本の価値観であって、必ずしも国際スタンダードではないんだよね。

西村　では佐藤さんは誰かを説得する際に、生命の危険というレトリックは使わない？

佐藤　使ったことないな。生命至上主義は国際スタンダードと別の、戦後の日本がアメリカから押しつけられた価値観であって、私の職業的価値観には反するから。私自身、脅されたり実際に殴られたり、これで終わりかなと思う瞬間も何度もあったけれど、でもそういう仕事なんだからそんなものだろう、と思っていました。

西村 でも、国家として誰かの生命を犠牲にしてでも何かをなしとげなければならないケースと、メディアの報道によって関係者の生命が危険にさらされるのとは違うでしょう？

佐藤 いや、あまり変わらないと思うな。報道で明らかになることって、要は情報が漏れたということで、こちらとしては業務事故なんです。リークする人がいたり、間違って文書を渡しちゃったりする人がいた、そのこと自体が事故。何しろ外務省に入って驚いたのは、書類全部に最初から「禁　無期限」って判が押してあることだったから。

西村 資料や議事録の翻訳も含めてそうだよね。たしかに考えてみればそれも変な話です。

佐藤 秘密指定がなされていない、いわゆる「平《ひら》の文書」なんてあえて外部に流すためにしか書かないし、記者に流す場合も、一般の人の目に触れないようにと念を押して取扱注意にするんです。つまり、すべての情報が公開されていて限定的に隠している、のではなく、デフォルトが秘密です。メディアもそこに疑問なくここまできているわけだから、「情報は国民のもの」という発想でいると、非常に危険です。

西村 政府としては国民に知らせないことがデフォルトになっている。それを知らせるべき報道機関もオフレコ扱いに甘んじているところがある。しかも、そのような慣行が常態化してしまうと、そのときに情報公開法に基づく文書の開示請求をしても、のちの外交文書公開を待って調べようとしても、そもそも記録が存在しないという検証不能の世界になってしまうね。

佐藤　その通りだ。ある意味では、代議制民主主義がきちんと日本で機能しているともいえるよね。フランス革命後に確立した代議制民主主義の基本は、国民は基本、政治に関与しない。選挙で選ばれた国民の代表者と、資格試験によって登用された専門家に任せるもの。代表者を選出したら具体的な政策は彼らに任せて、個々の欲望のままに文化活動や経済活動に勤《いそ》しめばいいんです。だからヘーゲルもマルクスも、「市民社会は欲望の王国」と称した。いま国民が政治に関与せず、関心もなく全部お任せ状態になっているとしたら、代議制民主主義国家としてはただしいあり方かもしれないよね。

西村　いま佐藤さんが言った、これ以上はないくらいの強烈な皮肉の基層には、メディアも国民も、直接か間接か、意識的か無意識的かを問わず関わっているってことも忘れちゃいけない。だけど、2018年だったかな、私は当時、公益社団法人の日本記者クラブで企画委員長をしていたんだけど、福田康夫元首相を日本記者クラブに招いて公文書について記者会見を開いたんです。「記録を残すということは歴史を積み上げているということだ。その石垣は一つひとつがちゃんとした石じゃないと困る」という福田さんの当時の言葉はいまもよく覚えています。佐藤さんのいうところの代議制民主主義の「ただしいあり方」は、代議制民主主義の深刻な危機のことです。そのもとに、崩れそうな「石垣」の秘密デフォルトシステムがありますね。

佐藤　むしろ、ここで言いたかったのは、みんなが西村さんみたいに情報源の命を大切に考えてくれる人だけとは限らないってことです。現代の日本では私の意見は極端に聞こえるかもしれないけれど、国際政治の世界では「人の生命なんてそんなに重くない」と考えている人のほうが多い。つまり、そういった価値観の情報機関や政府にうっかり協力すると、そのせいで命を取られるのは普通にありえることで、誰も守ってはくれないよ、という話です。

西村　国際政治の冷徹さを踏まえた元インテリジェンスオフィサー佐藤さんの覚悟はわかりました。ただ、メディアとして人命に最大限の注意を払うのは当然のことです。日本はアメリカやロシア、イスラエルのような諜報大国とは全く違います。それでも、このような報道に際しては、現地で活動する外交官やNGOスタッフ、学者などの安全を考えなければなりません。「世界の情報格差をなくすためあらゆる情報を無差別に公開する」という考えを貫いていたあのウィキリークスでさえ、彼らのサイトに載せたアフガン人たちがタリバンに殺される危険があるという強い批判を浴びて、名前を削除しました。遅きに失した対応でしたけど。

集団思考の罠──イラクの大量破壊兵器報道の失敗

西村　二つめの「集団思考の罠」。これは「同質化の罠」にも関わってくる問題だと思います。

そして、インテリジェンスの最大の失敗であり、メディアの最大の失敗でもあった「イラク戦争の大量破壊兵器報道」はまさに、この集団思考の罠にすっぽりはまってしまった例といっていいでしょう。アメリカ政府は「イラクに大量破壊兵器がある」というリーク情報を信じてしまい、メディアを誘導するオペレーションを行いました。メディア各社もそれを鵜呑みにして熱に浮かされたように大々的に報じた。結果、イラク戦争が引き起こされてしまった。アメリカ総局長としてワシントンに駐在していた私もまた、その渦中にいました。

佐藤　大量破壊兵器報道の問題は、イラク戦争が終わったあとに、アメリカにいた西村さんとメールでも長文のやりとりをしたよね。

政府が意図的に情報操作をする場合は、逆に隙間も見えるし矯正は可能なんだけど、これは政府自体が間違った思い込みをしていたケース。そうなると違和感に気づきにくいし、ある時点で何かおかしいと思っても、引き返せない状況になっていることがほとんどです。取引コストの問題で、ただしい方向へ矯正するコストが大きすぎる場合、間違っているとわかっていてもそのまま突っ走る。太平洋戦争のガダルカナル戦と一緒だよね。もう日本に勝ち目はないと大本営はわかっていても、現場はまだやりたいと言っている。すでに戦力の逐次投入を3回もやっている以上、方向転換には猛反発があるだろう。さらに大量の戦死者を埋没コストにしてしまうよりは突き進んだほうがいいと、限定合理性の下ではそうなる。

西村 局面局面の判断と、あとから見えるものは違うよね。

佐藤 神の視座に立って全体図を見渡すことができればいいのだけれど。

西村 いま現場という話があったけど、当時のワシントンでは、政治のトップと諜報機関は垂直関係のレイヤーでした。次にさまざまな諜報機関同士の水平関係のレイヤーがありました。さらに各諜報機関とつながるメディアのレイヤーがあった。この三つの層が同時に罠にかかってしまったんです。

佐藤 さらに前提の話をすると、この問題はインテリジェンスの本質と関係します。インテリジェンスの最大の目的は、戦争に負けないこと。だからアメリカのインテリジェンスは強くならない。圧倒的な軍事力と経済力、基軸通貨を持っているから、インテリジェンスが判断を間違えても、それが即戦争の敗北にはつながらない。対してイスラエルは、情報を誤ったら国家が滅びる。北朝鮮もそう。だからインテリジェンスの緊張度も、かけるコストも全く違う。それは大前提として押さえておきたいです。

西村 そうですね。ただこの大量破壊兵器に関しては、メディアも全面的に関わってしまった。アメリカはメディア大国だから、メディアの混乱と失敗は社会に非常に大きな影響を与えます。その点、自由なメディアがない北朝鮮や、メディアの影響力が相対的に小さいイスラエルとの違いがありますね。

大量破壊兵器報道の問題について知らない読者のために、簡単に説明しましょう。私は当時のことを、こうメモに残していました。

〝2002年9月8日、日曜の早朝。『ニューヨーク・タイムズ』の一面に「イラクのフセイン大統領が遠心分離機製造に必要なアルミ管を入手しようとしている」、つまり、原爆の製造に必要な部品の調達に動き出した、という政権中枢からのリーク記事が大々的に踊っていた。その記事を書いたのは『ニューヨーク・タイムズ』の有名なスター記者だった〟

日曜の朝というのは、各テレビ局が硬派の報道番組を流す時間です。異様だったのは、その報道番組に、まずディック・チェイニー副大統領が登場し、別の局の報道番組にはコンドリーザ・ライス国家安全保障担当大統領補佐官が現れました。その後、ブッシュ政権の大番頭たちが次々に報道番組に出てきて、みんな『ニューヨーク・タイムズ』の記事を引用しながらこう話すんです。「われわれはただ待っているわけにはいかない、もし確実な証拠を摑むまで動かずにいたら、キノコ雲のかたちを取っているだろう」「キノコ雲は避けなければならない」と、「キノコ雲」という極めて印象に残るフレーズを視聴者の恐怖を煽るように何度も繰り返していました。

佐藤　情報ロンダリング現象が起きていくよね。不確かな情報も、真っ当なメディアが報道すると真実味が増してしまう。

西村 そうなんです。そもそもリークしたのは政権中枢にいる人間なんです。まず匿名でトップクラスの新聞のスター記者に機密情報をリークする。それが活字になり、次いで、自分たちがテレビでそれを事実として語る。こうして機密情報が、政府の公式コメントに格上げされる。この朝を境に、ブッシュ政権の高官たちは次から次へとフセイン政権の核についての情報を語りだすようになっていきました。政権とメディアが共鳴し合いながら情報がワシントンの街をぐるぐる環流していったわけです。そして、ワシントン発の情報が大西洋を越えてトニー・ブレア英首相にも影響を与え、英国の情報コミュニティも英首相官邸に引きずられるようになっていきます。

佐藤 いったんリークされて公知のものになったら、特定秘密ではなくなる。これは日本もアメリカも一緒です。最初に情報を流したやつは逮捕されるリスクを負うけれど、そこさえ表に出なければ、追認していく立場であれば秘密漏洩にはならない。

西村 そしてこの朝以降、「原爆製造の物証」「高精度のアルミ管」「キノコ雲」といったキーフレーズが大統領の発言や演説に盛り込まれるようになり、コリン・パウエル国務長官の国連安保理発言にも引用される。後にパウエルは、自分の国連安保理演説を、自分の人生の汚点と悔やむのだけれども。

佐藤 「大量破壊兵器が存在し、それが周辺国に脅威を与えるから」ということを根拠にアメリカがイラクを攻撃、イラク戦争が勃発する。結果的に大量破壊兵器はなく、開発計画もなかったことがわかったのは、戦争が終わってしばらくしてからでしたね。

西村　私はその後、国防総省や国務省、CIA、国連などの情報当局者、情報機関のOBといった面々に取材をして、この大量破壊兵器問題についての検証記事を新聞や雑誌に書いたのですが、最終的に、そんな痕跡はどこにもなかった、とわかったとき、この9月8日の朝の、情報がどんどん格上げされていく瞬間を思い出しました。視点を変えてみれば、政権にとって理想的なオペレーションではあったんですよね。

一人真実にたどり着いたベテラン記者の話

西村　大量破壊兵器報道に関しては、メディア側の人間として自分も非常に反省しました。自分も、自分の取材した相手も、記者たちも当時はこの情報を信じていたから。

あとになってアメリカのある中堅新聞社の記者がこの問題を追っていたことがわかったのですが、当時それは知らなかった。ただ、あの頃ワシントンの大メディアの人間で一人だけ正面から異議を唱えた記者がいたことは知っていました。長年インテリジェンスコミュニティの取材を続けていた、ウォルター・ピンカス記者。イラク戦争開戦当時70歳で、私が直接彼に取材をしたときは71歳でした。彼は1966年にワシントン・ポストに入社するんだけど、一度退社して雑誌記者としてウォーターゲート事件を担当します。75年にポストに再入社して、イラン・コントラ事件の取材を機にインテリジェンスコミュニティと安全保障の取材を続けてきた。見るからに気難しそうな白髪の老記者だったけれど、何度も訪ねていろいろ話を聞かせてもらったんです。

佐藤 そのベテラン記者が大量破壊兵器報道に関して異を唱えていた?

西村 そうなんです。実際に反論記事も掲載されたんですよ。ピンカス記者はイラク戦争開戦の数日前に、それまでの経験知と情報源を総動員して、大量破壊兵器の存在に疑問を投げかける記事を書いた。といってもほとんど話題にならなかった。編集局の幹部も掲載に抵抗した。これから戦争だというときになぜ反対のことを心配しなきゃいけないんだ、それにあとからイラクで兵器が見つかったらわれわれはとんだ愚か者になるぞ、と言って。

佐藤 掲載するリスクが高すぎるということだね。

西村 そうです。彼の記事に引用されていた政権への反論や疑問は匿名の情報でした。「オンレコではない発言を載せるわけにはいかない」というのが、編集局幹部の掲載抵抗の理由でした。オンレコっていうのは、オン・ザ・レコード、オフレコの逆。前に話した通り、アメリカと日本ではオフレコの定義が少し違っているんだけれど、オンレコについては公式発表、公式発言という意味です。イラク大量破壊兵器問題については、オンレコ発言が正しいとは限らないというわかりやすい例なんだけれど、ただ当時は、大量破壊兵器の存在はほぼ確定という前提で政府もメディアも動いていた。通常ならオンレコで語られていない発言を元にした記事の掲載に慎重になるのは当然の流れだった。けれどここで、当時編集局次長でもあったボブ・ウッドワードが「だからといってこの原稿が日の目を見ないのは惜しい」と、掲載に踏み切る判断をした。

佐藤　ボブ・ウッドワードは、1972〜74年に起きたウォーターゲート事件の一連の取材報道で、当初しらばっくれていたニクソン政権の関与を暴いた同紙のスター記者の一人だね。一緒に取材していたカール・バーンスタイン記者とともにピュリッツァー賞も受賞した。

西村　いまでも活躍している調査報道記者だね。その彼の鶴の一声で掲載が決まった。とはいえ大々的に報じるわけにはいかないから、17面という新聞のちょうど真ん中、ほとんど注目されない場所に掲載した。戦争準備で沸き立つ報道の中に、さりげなく紛れ込ませたわけです。

佐藤　これは記事の扱いに優劣が付けられないデジタル全盛のいまとなると、また意味合いが変わってくるけど、よくあるテクニックだよね。掲載した、という事実は残る。私も経験があるよ。載せてほしくない立場のほうで。

西村　そうですね。ところでピンカス記者の話を聞きながら痛感したのは、経験を積んだベテラン記者の存在がいかに大切か、ということでした。日本では現場を走り回るのは若手記者が圧倒的に多いんだよね。番記者として首相に直接質問できるのも20代、せいぜい30代前半かな。私自身20代のとき、当時の中曽根康弘首相にくっついて、歩きながら質問していました。そのうち「おい、友だちじゃねえんだからぽんぽん質問するなよ」って苦笑されて、「キーナン検事（極東国際軍事裁判の首席検察官）か」ってよくからかわれたけれど。

佐藤　それはもう、親しみの表れだよね。

西村　いや、そうやっていなされていただけなんだけれど。最高権力者である総理大臣に最も近い場所で質問できた記者の多くが、入社数年の新人、若手なんです。「少年探偵団」とよく言われていて、そうして経験を積ませていくっていうのが日本の新聞業界の伝統みたいになっているんだけど、ではベテラン記者はどうしているかっていうと、記者会見でも質問もせずに腕を組んで座っている、こういう光景になる。私の時代では例外は毎日新聞の松田喬和《たかかず》さんくらいだったんじゃないかな。松田さんは、1945年生まれ、1969年入社で、私よりもずっと上の大先輩です。鳩山由紀夫内閣時代、ベテラン記者としては稀な総理番記者を続けていた。

佐藤　松田記者が『毎日新聞』に載せていた「松田喬和の首相番日誌」は面白かったね。でも若手が取材する場合も、重要な情報はそれなりの立場の人間が裏付けを取るんじゃないの？

電話して、正しい情報かどうか確認をするでしょう？

西村　もちろんそれはやるんだけれど、ただ電話で確認する時点で情報の鮮度は落ちている場合が多いし、デフォルトのオフレコカルチャーに搦め捕られて記事を出せなくなる可能性だってあるよね。

イラク大量破壊兵器の話に戻ると、あれは、明日開戦するかどうかという瀬戸際だった。当時のブッシュ政権は、マスコミの操作と統制においてはアメリカ史上もっとも冷徹な政権と言われていました。情報が漏れてこないから、70歳のピンカス記者は自分が培ったインテリジェンスコミュニティの中の情報源を総動員して、ある結論、大量破壊兵器はないという確信にたどり着いたわけです。

ワシントン・ポストのすぐそばのホテルのレストランで朝飯を食べながら彼の話を聞いたときのメモが出てきたんだけど、そこに彼の発言としてこうあるんだ。「政権は代が変わるたびにプレスの操作にますます長けてくる。オンレコ発言が正しいとは限らない。それが真実ではない、と言う人を、インテリジェンスコミュニティなり、政権の内部なりで見つけてこなければならない。だからこそ、経験を積んだ記者が必要だ」。彼は、長年の記者経験で開拓した良質な情報源のおかげで、集団思考の罠にはまらなかったんだけれど、記事の受け手である編集者には決定的に警戒心が欠けていた。でも、そのピンカス記者も、その後この種の懐疑的な記事を書くたびに「お前はテロリストの手先か」というような山のようなヘイトメールを受けたと言っていました。

ポストやライバル紙のニューヨーク・タイムズは後に、こんな反省コメントを出していたよ。メディアが取材対象である政府と同じ落とし穴にはまってしまった。集団思考の罠に陥る組織は、自分たちにとって不利な情報を軽視、あるいは無視する。ときには国益を損なうと決めつける閉鎖性がある。警戒や疑問は開戦を告げるドラの下に埋められ、全体のトーンが画一化されていった、と。これとほぼ同じことが政権の失態を検証した上院情報特別委員会のリポートにもあってね。こうあるんだよ。「よかれと思う方向に全体が流されてしまう集団思考が働いた。情報を選択的に集め、批判に耳を貸さない。大量破壊兵器問題の処理の中で見られたこうした動きこそが、集団思考の特徴だ」。

佐藤　いま話を聞きながら思ったけど、実は私はイラク戦争に関しては同時代的なリアルの感覚がないんです。2002年5月に特捜に捕まって勾留されて、新聞記事を見て罪証隠滅に嘘話を捏造する可能性がある、という理由で2003年10月に保釈されるまでの1年半は新聞を読めなかったから。弁護士がかけ合ってくれて、唯一読めたのが日刊スポーツ。あの時代の私の中のトップニュースは、多摩川に突如現れたアゴヒゲアザラシのタマちゃんなんだよね。2002年の流行語大賞にもなった人気者。次点が白装束に身を包んだ宗教団体パナウェーブ研究所。

西村　たしかに。この話をしたのは佐藤さんが塀の外に出てきてからだった。

佐藤　当時は西村さんは、どんな取材をしていたの？

西村　開戦の前の年から、国連のイラク兵器査察団ＯＢのリストを手に入れて、一人ずつ当たったんです。「使いものになる大量破壊兵器はイラクにはない」と断言する人もいれば、「本当の意味での抜き打ち査察ができたのはほんのわずかだった」「われわれの査察活動を通じてフセイン政権は大量破壊兵器の知識を得ていった」という指摘もあった。査察官追放後は現地の情報は干上がっていたという事実もあってね、「攻撃の緊急性に説得力を欠く」「帝国の独善が孤立を招く」といった解説記事やコラムは結構書いたんだけれど、大量破壊兵器についての確信は持てなかった。やっぱり、アメリカが短期間で「戦勝国」となったあと、肝心の大量破壊兵器がいっこうに見つからなかったことで、ＣＩＡと国務省の幹部、元幹部を改めて回ってみたんです。そうしたら、新保守主義者（ネオコン）と言われる政権内の対イラク強硬派集団が戦前、「大量破壊兵器の確たる証拠はない」と疑問符をつけたＣＩＡ、ＤＩＡ（国防情報局）、国務省情報調査局の一部のアナリストたちの報告を、意に添わないとしてことごとく握り潰していたという複数の証言を得て、本格的な検証取材を始めました。

情報に恋をしてはいけない　カーブボール事件からの教訓

西村　イラク戦争に関連してもう一つ、「カーブボール」の話をしておかないといけません。ドイツとアメリカの情報機関に「イラクには移動式生物兵器製造装置がある」という嘘の情報を信じ込ませ、イラク戦争開戦の「大義」を与えた自称イラク人亡命者のことです。

佐藤　カーブボールについては、ワシントンの西村さんがこれの記事を書いてから4年くらいたった頃、『カーブボール──スパイと、嘘と、戦争を起こしたペテン師』というノンフィクションの翻訳書の書評を書きました。版元は産経新聞出版で、当時社長だった住田良能《ながよし》さんに頼まれたんだ。メディアにとっても国家にとっても深刻な内容だから、広めてほしいって。

西村　読者のために説明すると、2001年、イラクからの亡命者を名乗る男が、ドイツのインテリジェンス機関BND（ドイツ連邦情報局）にリークをしました。「自分はイラクで、トレーラー型の移動式生物兵器の開発・製造に関わったエンジニアだ」と。その発言がアメリカのCIAに伝わり、イラクが大量破壊兵器を所持している唯一の証拠としてイラク戦争が始まった。その自称イラク人亡命者のコードネームが、カーブボール。Curveballには野球のカーブのほか、ぺてん、ごまかしという意味もある。騙されたとわかったあとに振り返ればこれほど皮肉な名前はないね。
佐藤　でも実際、カーブボールの話したそんな移動式生物兵器はなかったんだよね。
西村　そうなんです。開戦後に見つかったのはぼろトレーラー2台だけ。それも観測気球に注入する水素ガスを製造するためのもので、つまりカーブボールの発言は全くのでたらめでした。でもこのぼろトレーラーを発見した段階でも、アメリカ政府は「生物兵器製造施設を発見した」と発表してしまったんです。
佐藤　そういうバイアスがかかっているから。
西村　インテリジェンス機関も政府の機関も、反証が出ても無視するという、まさに集団思考に搦め捕られていた。当時、この話を佐藤さんとしたとき、佐藤さんは「この男はBNDに迎合したんだ」と言ったのを覚えていますか？
佐藤　覚えています。BNDは情報の見返りに情報源に永住ビザを与えるんです。カーブボールは永住権を目当てに、BNDが欲しがっていそうなホラ話をしたんだろうね。そこは非常に勘がよかった。
西村　そのときに佐藤さんは、「カーブボールもどきは非常に多い。日本でも同じような事件は十分に起こりうる」と言っていましたよね。要はインテリジェンスオフィサーやケースオフィサーが情報源に迎合するような対応をすることが問題だ、優等生型の官僚ばかり集めると、

「日本型カーブボール」をつくり出すことになりかねないよ、と。

佐藤　そうだね。

西村　そういうような連中が現れてくる土壌って何だろう。

佐藤　ユルゲン・ハーバーマスは「認識を導く利害関心」と言っているけれども、自分がどういう情報を欲しがっているかを自覚していないと、無意識に都合のいい情報を取ってしまう。これは非常によくある話で、たとえばエリツィン大統領の訪日が中止になったとき、上層部はみんな確実に来るという情報を信じていた。中止になる可能性があるという情報を押さえられたのは私だけだった。

西村　1992年の話だね。

佐藤　それから、クーデターが計画されているという情報も1991年3月に取っていたんだけど、潰されました。なぜかというと4月にゴルバチョフ大統領の訪日予定がある。クーデターが起きるような不安定な政情となったら交渉に悪影響がある。この情報は知らなかったことにしたほうがいい、と。これは善意なんだよ。あるいは国益のため。

西村　その話にもつながるんだけど、カーブボールについての反省点として、情報機関の管理官が自分の情報に「恋」をしてしまうこと、つまり、情報源が間違ったことを言うはずがないと思い込んでしまう心理が指摘されています。これはインテリジェンスオフィサーと情報源だけではなく、記者と情報源の関係性にもいえることだよね。

佐藤　その危険性は常にある。でも情報屋としての私は、自分の取ってきた情報がかわいくならない人っていうことで組織の中でも有名でした。

西村　そこはなぜ、そうなったんですか？

佐藤　簡単な話で、それより上の基準があるから。キリスト教徒として。というのも当時は当たり前すぎて自分では意識していなかったけれど。イスラエルの諜報機関モサドの長官を務めていたエフライム・ハレヴィさんに言われたんだ。神の前において、間違ったことをしたら罰が下る。だからわれわれは自分の取ってきた情報が評価されても有頂天にならない。サトウもそうだね、と。

西村　宗教的バックボーンが抑止力として働いているということですか。

佐藤　そうです。宗教でも、思想でも。たとえば共産主義社会の建設という強固な目的がある人にとっては、個人の功績なんて些細なことだと思うよ。

西村　自我を超越したイデオロギーがあるかどうか。

佐藤　イデオロギーを建前として使っている人は該当しないよね。

架空の情報源をつくり上げた男

佐藤 逆に、名誉欲しさに事件を起こす人もいる。イスラエルのモサドで起きた、前代未聞の情報捏造事件もその一例です。非常に正確な情報を取ってくる元分析官がいたんだけど、情報源に関しては決して明かさなかった。シリア人で自分のことしか信用していないから、絶対に会わせられないと。その態度があまりにも頑なだから、内部で疑惑が出てきたんだよね。やつは情報源に取り込まれていて、あとで裏切るんじゃないかと。小さな情報で信頼させて大きく騙すっていうのはよくある手口だから。

西村 たしかに。

佐藤 それでガサ入れしたら、その男の家から大金が出てきた。情報源に渡すはずの報償金が、そのまま出てきたんです。

西村 どういうこと？

佐藤 つまり彼は、架空の情報源をつくり上げていたんだ。その報償をそのまま持っていたわけだ。といっても目的は金ではないの。だからほとんど使われないまま残っていた。

西村 なるほど、自作自演か。

佐藤　ではなぜそんなことをしたかというと、彼はもともと分析官として非常に有能だった。毎回すばらしい分析ペーパーを書いていたんだけど、上司は大して興味を持ってくれず、上にも上がらなかった。そこで架空のシリア人の情報源をつくって、この人から聞いた話として、いつも書いていたような分析を情報として報告したんだね。そうしたらすごい情報を取ってきたと言ってものすごく高く評価された。その組織内の評価が、彼は嬉しかったんだ。

結局懲役7年になるんだけど、これは分析官の評価が低くて、工作員の取ってきた情報が上だという風潮がよくなかったということで、モサドはその後、体制を見直すことになる。これもハレヴィさんから聞いた話。

西村　工作員と分析官の関係も面白いね。カーブボールのような失敗がなぜ起きたのかという検証の中でも、現場の工作員と分析官が対立したという話がよく出てくる。

佐藤　インテリジェンスの教科書といわれるローエンタールの『インテリジェンス――機密から政策へ』にも、そういうエピソードはあるね。

西村　ところが佐藤さんの場合は、現場の工作員、分析官のどちらも兼務していた。これってとても珍しいんじゃない？

佐藤　そんなことはないよ。情報の判断を間違えなかっただけ。インテリジェンスは一度失敗したらそこで一線から弾かれるから。ある種の特異点の人たちはみんなやっていることだと思う。ハレヴィさんは最後まで一度も間違えなかったよ。
西村 それも極めて希有な例じゃない？
佐藤 ときどきいるんじゃないかな。
西村 いままでに日本のインテリジェンスの世界にいた？
佐藤 いますよ。内閣情報調査室の分析官と調査官で一度も間違えたことのない人を私は二人知っています。もっとも日本の場合はインテリジェンスがあるのかないのか、もはやよくわからない。いまの外務省の情報部局は、アメリカからの情報は疑わないしね。限界がある。

ヒューミントでしか得られない情報

西村 カーブボールの失敗に関しては、アメリカのインテリジェンス機関もメディアも、単一の情報に頼りすぎたということが言えますね。
佐藤 アメリカはそもそもヒューミント能力、つまり人間同士の接触における情報収集能力が弱いんだよ。盗聴に頼りすぎている。たとえば1998年8月に「エリツィン大統領死亡説」が流布され、世界中が緊迫している中、私は「エリツィンは生きている」という情報を取って、世界中から驚かれた。エリツィン大統領死亡説を流したのはアメリカでした。なぜか。それはアメリカが、盗聴だけでやっていたからそんな間違った情報を流してしまった。あとになって検証すると、このエリツィンの話は簡単な話で、エリツィン家でいままでにないようなことが起きたっていう情報が、間違えてエリツィンが死亡もしくは再起不能になったという情報に変わっていってしまう。事実と間違った情報の間にはものすごい距離がある。ヒューミント能力があれば、エリツィン家に近いやつに聞けばそれで真相はわかったのに。

西村　その話をちょっと詳しく聞かせてほしいな。私は当時、ワシントンでその情報を聞いたのだけれど、佐藤さんはどうやって「エリツィンは生きている」という情報を取ったの？

佐藤　あの日は、鈴木宗男さんから日本時間の早朝に電話がかかってきたんだよね。ロシアでは深夜。「在アメリカ大使館が『（カート・）キャンベル（のちに米国務副長官）から、エリツィンが死亡あるいは再起不能の状態に陥ったという内容を聞いた』と電報を打ってきた。時差の関係で日本がいちばん先にコメントを出さなければいけないから、裏とりをしてくれ」って。それで、ロシアでは深夜だったから申し訳なかったけど、チェルノムィルジン首相が党首の政権与党「我が家ロシア」のナンバー2だったアレクサンドル・ショーヒン副首相と、敏腕弁護士アンドレイ・マカロフ（国家院〔下院〕議員）に電話をして確認した。

西村　おお、ネタ元が明らかになった。

佐藤　午前3時ぐらいだったと思う。こんな時間にすまない、と理由を話して。二人ともすぐに確認すると言ってくれていったん電話を切って、1時間くらいして両方からそれぞれ「大丈夫、生きている」と回答があった。午前11時にブルガリア大統領が来るから、そのときに元気な姿を見せる。むしろ連絡を入れてくれて助かった、と言ってくれた。

西村　その情報を取ったことでも佐藤さんは注目を浴びたんだよな。

佐藤　その後、さらに検証したんだよ。アメリカが根拠なくそんな情報を流すなんておかしいから、なぜそんな誤報が流れたのかって。東京にいるモサドの機関長（ステーション・チーフ）に事情を話すと、モサドのロシアデスクが電報で確認してくれて、翌日こんな内容の返事があった。まず、同盟国である日本への内報なので、情報操作ではないだろう。アメリカはエリツィン邸を盗聴していて、何か尋常ではない異変を察知したのだろう、と。いままでにないような、死亡もしくは再起不能を疑わせるような。

西村　事実または会話があったと。

佐藤　そう。その評価を間違えたのだろう、というのがイスラエル側の見解だった。これはさらに後日に真相が判明するんだよね。モスクワに確認を入れたら、意外と近いところに真実を知っている人がいたんだ。当時の大統領府副長官だったヴィクトリア・ミーチナ。彼女はエリツィンの愛人なんだ。奥さんも公認で、エリツィンの次女タチアナ・ジャチェンコとも友だち。その彼女曰く、タチアナから「パパが大変なの、すぐにうちに来て」と電話があった。酔っ払って、チェチェンの問題がうまく解決しない、このままでは再選は無理だと言って泣き出した。それでかけつけて、しばらく添い寝をしてやったらやっと大人しくなった、って話してくれた。アメリカはタチアナと彼女の会話を盗聴していたんだろうね。

西村 それが、われわれが振り回されたエリツィン病状悪化説の真相だったわけだ。佐藤さんのヒューミントはもちろんだけど、検証の必要性もよくわかるエピソードだね。

佐藤 アメリカの情報に関してはモサドに補助線を引いてもらわないと答え合わせはできない。私はＣＩＡのインテリジェンス文化がわからないが、モサドはそこのところをよく理解しているからです。

ちなみに、イスラエルとアメリカは事実上の同盟国なのだけれど、インテリジェンス面ではかなり緊張している。モサドはＣＩＡやＦＢＩによって職員が協力者にされる可能性があると警戒している。モサド職員の渡米は許可制なんだよ、観光でも。アメリカ側にリクルートされる恐れがあるから。ＣＩＡやＦＢＩの情報工作っていうのは本当に乱暴で、すぐに誓約書に署名させたがって、金をつかませたがる。そんなことで人は動かないっていうことがわかんないんだよなと。アメリカに関しては常に警戒心を持っているけれど、絶対にけんかしない。それからアメリカ人は自分たちが調査をされることは死ぬほど嫌いだから調査はするなよ、と。だからわれわれもアメリカの調査も分析もやってない、モサドのアメリカ局もないと。

西村 元CIA長官のジェームズ・ウールジーにインタビューをしたんだけど、かつて彼は、大使館のカクテルパーティーで情報を取ろうとするエージェントはいらない、その国の表ではなく、裏通りで危険を冒して精力的に動く工作担当官が必要だ、と言っていた。そして、移民を貴重な財産だと。当時のCIAでは45歳以上の職員の大半は白人だったんだけれど、30歳未満になると彼の言葉を借りれば「まるで国連のように」さまざまな民族がいた。現地語を流暢に操れるレバノン系、イラク系などの移民を工作員として積極的に登用することがテロ対策として最も重要だ、とも。

佐藤 それはイスラエルはずっと前からやっていたことだね。

西村 ところがこれは『毎日新聞』のコラムで紹介されていたある英国議員の言葉なのだけれど、「もうジェームズ・ボンドの時代は終わった」と。これからのイギリスが安全保障のために必要となるのは華麗なスパイではなくて、地道なデータ解析や重要資源の見極めができる「データサイエンスの専門家だ」とも言っている。ちょっと極端な論調ではあるけど、ジェームズ・ボンドにイメージされるようなヒューミントの情報から、公開されているデジタルデータ、つまりオシント（オープンソースインテリジェンス）やシギント（通信などの傍受）による情報の比重が高まっていると。これについては佐藤さん、どう思う？

佐藤 アメリカのインテリジェンス能力って、もともとシギントは卓越しているんだよ。でもシギントが情報過多になりすぎている。過剰な情報は情報がないのとほぼ同じだから。

データサイエンスの最大の問題は、秘密情報に触った人間しか、膨大な情報の中から必要な情報を拾ってくることができないところ。取捨選択の能力が必要なんです。だからデータサイエンス偏重の組織は人間で失敗する。オシントも同じで、ヒューミントの経験があり、なおかつ秘密情報についても知っている人でなければ仕分けができない。

西村　同感です。ジャーナリズムの世界でも、欧米ではデジタルデータを駆使したオシント・ジャーナリズムが大活躍している。日本でもＮＨＫが、ＳＮＳに投稿された動画や画像などのインターネット上の情報を分析してミャンマー情勢に迫った番組をつくりました。新世代の手法として大いに注目されていいと思います。東大の講義で、ある学生が「デジタル空間に現場はない。現場を失うことでジャーナリズムの性格も変わってくるのではないか」と質問してきたんです。私は「オシントは万能ではない。現場はあるんだ」と答えました。さまざまなデータ解析、映像解析をするには、地面を這いずり回って、そういうもの、たとえば戦場の地元住民のスマホに残された隠し撮りの映像などですが、そうした素材を取ってくるという地道な作業があり、その過程では相手を説得し、そういうデータを提供してもらうという作業が前提として伴うわけだよね。テクノロジーは地を這う取材を補ってくれる強力なツールです。そういった土台のない、机上の空論だけでは不可能だということになる。メディアの世界も同じだと思う。

近視眼的な熱意の罠

西村 ここまでイラク戦争勃発のきっかけとなってしまったイラクの大量破壊兵器報道を振り返りながら、「集団思考の罠」について検証してきました。三つめの「近視眼的な熱意の罠」は、メディアにとっては悪魔の囁きなんです。つまり、最初に報道するニュース機関になりたい、特ダネを報じたいという欲望。

佐藤 でもそういった近視眼的な熱意というのは、メディアには必ずあるものだよね？

西村 そう、だからこそ自制が必要なんです。具体例は枚挙に遑《いとま》がないくらいだけど、一つあげるとすると、2回目のワシントン勤務のときに目撃したアメリカのテレビ局の雄CBSの大誤報。2004年、ブッシュ大統領がかつてテキサス州の空軍に勤務していたときに特別扱いを受けた疑惑があるというニュースを報じた。でもその証拠として提示した文書が、実は完全に偽造されていたと判明するんです。この件でCBSテレビの看板キャスターだったダン・ラザーが24年間キャスターを続けた番組の降板に追い込まれました。ニュースアンカー黄金期の頂点に君臨していた人間だったのに。ではなぜそんな初歩的なミスをしたのか。なぜ検証をしなかったのか。それはやっぱり目の前の特ダネにつられて、抑制が利かなくなったんだよね。特ダネ、速報。その言葉の前にはどうしても、記者としてはアドレナリンの洪水に襲われてしまう。いまなんてデジタルニュースだから、より一層ヒートアップしている場面もあるんじゃないかな。

佐藤　その近視眼的な熱意がないと、取材なんてできないでしょう。

西村　それが強烈なエンジン。それはその通り。だから、バランスが必要なんだよね。佐藤さんの立場から見ると、どうしたら暴走を抑止できると思う？

佐藤　そこはトップが責任を持つしかないと思う。メディアの現場だったら編集局長が。これは近視眼的な熱意の抑止だけでなく、集団思考の罠にも同じことが言えるけれど。

たとえば戦争とはスケールが違うけれど、私が逮捕された特捜事件だって仕組みは同じ。特捜がまずリークするでしょ。メディアは記者会見で、そのリーク情報に基づいて質問をする。そうしてリーク情報がロンダリングされてまるで事実のように拡大していく。その中で独自の検証をしようとする記者はまずいません。仮に違和感を持っても書けない。私の事件では唯一、産経新聞の斎藤勉記者が反論的な記事を書いたのだけれども、それは逆張りができる新聞社だからだ。世間で「普通」と思われていることでも、取材を通じておかしいと思ったら、堂々と書くのが産経の「正論」路線とされていたから。

西村 どういうこと?

佐藤 これはあとになって斎藤さん本人から聞いたんだけど。世論とは逆の、私を擁護するような記事を書きたいと打診したとき、当時編集局長だった住田良能さんは「一言だけ批判的な言葉を入れておいて。そうしておけばOK、あとは全部、自分が責任を持つから」と言ったんだって。そのゴーサインが出なければ、記事は世に出なかったと言っていた。

西村 ピンカス氏の記事の掲載を決断したのも編集局次長のウッドワードだった。

佐藤 責任を負うのは一人。情報機関もそうだよ。情報を出すか出さないか、正しいかどうかを判断して、最終的に間違っていたときに責任を取るのがトップの役割だ。

ただそこで一つ重要な問題があって。そのジャーナリズムが目指す方向が、ある種のテクノロジーなのか、アートなのか。そこを明確にしておく必要がある。ここで言うテクノロジーとは、訓練を積んだ記者ならば誰でも同水準の記事を書くことができるという考え方を指す。アートとは、才能のある特定の記者にしか書けない記事があるという考え方だ。前者であればマネジメントに長けた、コンプライアンスを重視するトップが望ましいだろうし、後者であれば大胆な、余人をもって代えがたいような個性を持つ人がふさわしいだろうし。

西村 そこは一つ、暫定的な結論を出したことがあります。ワシントンから東京に戻ったとき、編集局長二人体制になったんです。佐藤さんが言ったように、マネジメントに専念する編集局長が一人。それと、ジャーナリズムの、佐藤さんの表現を借りればアートを追求する編集局長、つまり紙面内容、いまならコンテンツの中身に全面的な責任を持つ局長がもう一人。後者の初代局長は佐藤さんもよく知っていた外岡秀俊さん（故人）。東大在学中に書いた小説が文藝賞を受賞し、記者としてレジェンド的な存在で、私も尊敬していましたが、デスクも部長もやったことがなかった。

佐藤　でも最終的な責任は二人というわけにはいかないでしょう。意見が割れたときはどちらが優先されるの？

西村　コンテンツについての決断はそちらに責任を負う局長がします。私も外岡さんの何代か後にそのポストにつきました。ふだんは紙面、コンテンツの中身について二人の局長は協議をしないんだけど、危機管理にかかわる領域に入ると二人の話し合いになります。さらに高度の危機管理問題で二人ではままならないときは編集担当役員が加わります。

佐藤　その役員が大編集長っていうこと？

西村　いや、このポストの役員は日頃のニュース判断には口を出さないことになっているので、いわゆる「編集長」とは言えないかな。報道する内容が、経営に重大な影響を及ぼすとき、経営基盤を揺るがすような危機管理に関わるときには、その編集担当の役員も、経営陣の一人としてその問題に関わることになります。

佐藤　そうなったら当然経営を優先するでしょ。株式会社なんだから。

西村　いや、そうとは限らないんだ。朝日新聞が深刻な信頼危機に陥ったとき、私はこの編集担当役員のポストにつきました。そのときに整理したのはこんな感じだったかな。①編集権の独立は尊重される。ただしそれと表裏一体のものとして編集部門は自らに厳しい規律を課す②経営に重大な影響を与える事態には例外的に経営が編集に関与する③そのときは、属人的なインナーサークルではなくて、正式の取締役会の正式の議題とし、経営が関与することの是非について第三者組織の助言を受ける④経営は編集部門に判断の根拠を開示して議論を透明化する。こういったことが前提で、はなから経営側の考えが一方的に押し付けられるということではないよ。

佐藤　元モサド長官のエフライム・ハレヴィさんが回顧録（『モサド前長官の証言「暗闇に身をおいて」』）で書いているんだけど、工作部門で業績を上げて、新設の分析部局の次長になったとき、部長不在時にシリアが攻めてくるという情報が入ってきて、みんなビビり上がっている中、ハレヴィさんともう一人の若い分析官だけは「シリアが攻めてくることはない」という分析をした。でも部長に連絡がつかなくて、ハレヴィさんは自分の判断で報告書を書いた。その分析は間違っていなかったんだけど、あとから部長に酷く怒られたんだって。何勝手なことをしてるんだ、せめて結論を断定ではなく曖昧にしろ、って。それで部長不在時に報告書を書くことを禁止されてしまったのだとか。

西村　分析は間違ってはいなかったのにね。

佐藤　そう。分析は間違っていなかった。要は、責任者は一人だけなんだ、ということだよね。多数決での活発な議論は必要だけど、ヒエラルキーがなければ組織が成り立たないし、インテリジェンスなんてできないぞ、と。

西村　「集団思考の罠」も「近視眼的熱意の罠」も、最終的にはトップが抑止力でなければならないということです。さらに個人のレベルでいえば、ベテラン専門記者の経験知、インテリジェンス機関なら功名心を超えた、建前ではない信念や理念がその役割を担うケースもある。

まとめると、イラク戦争でメディアがひっかかったのが「集団思考の罠」。大統領選挙のときにCBSが引っかかって、ダン・ラザーという、ニュースアンカーの世界の巨人中の巨人が失脚したきっかけになったのが、「近視眼的熱意の罠」。この二つの例がとてもわかりやすいのは、「戦争」と「選挙」という、記者が視点と手腕と経験を問われる大きなイベントだったからでしょう。

こうした罠に取り込まれそうになったときに、それに待ったをかける貴重な役割を果たす存在として、ベテラン専門記者について実例を挙げて話をしました。ただ、ここにも別の罠があります。専門記者という場合、強みである専門性を高めていくプロセスがあるのですが、それと、権力との距離をどんどん縮めていってついにはそれと一体となってしまうプロセスとが、ものの見事に共鳴してしまう記者がいます。権力から情報をとることで専門性が身についていき、これをうまい具合に生かした例ももちろんあります。司法の世界で記者クラブ生活が長いある記者が、そこで培ったネットワークを生かして取材対象である検察組織の不正を暴いたことがありました。問題は、どこまでいっても対象と一体になってしまうような「専門性の罠」です。

両論併記の罠／両論併記糾弾の罠

西村　ここからは、両論併記について議論をしましょうか。

1994年に始まった第一次チェチェン戦争を取材したときのことです。チェチェンの首都グロズヌィに行ったら、そこに「地獄にようこそ」と書かれた大きな垂れ幕がかかっていたんです。その垂れ幕の先に、ロシア軍の攻撃で全くの焦土と化した、荒涼とした光景がずっとどこまでも広がっていました。あの土色の光景はいまも忘れられません。「地獄にようこそ」という言葉、これはチェチェンの捕虜収容所で、ロシア兵が、拘束されたチェチェンのゲリラに言い放った言葉だと聞きました。家族を殺された人、親を亡くした子どもたちの取材もしました。当時もロシア軍には契約兵も傭兵もいて、チェチェンの民間人を躊躇せず標的にしていた、そんな事実を記事にしてきました。これはロシア軍の暴走であり、人道的な危機であると。人道危機を報じるときに、ロシア側にも言い分があるなんてバランスはありえない。それは偽りの客観性でしかないからね。偽りの客観性、両論併記の罠、と私は呼んでいるんだけど。

佐藤　それはその通りだよね。ネオナチが出てきたときに、ネオナチにも言い分があるなんて両論併記はする必要がないし、したらいけない。

西村　アメリカでは昔から"He said, she said journalism"、彼はこう言った、彼女はああ言った式のジャーナリズム、なんていう言葉があったのだけれど、無機質な両論併記を嫌う空気は昔からありました。しかも、対立する意見なんて、いつも両論というわけでない。三つ以上ある場合もあるし、いつもそれぞれがきれいに分かれることもない。機械的な両論併記に安住するのが危ういのは、間違いないです。とはいえ、異なる意見、対立する意見を無視していいわけでもない。

自分の経験でも悩ましいところはありましたね。日常的な紙面づくりで、限られたスペースと時間のなかで、いくつか違う立場を並べることはあるし、それが当たり前のときもあります。また、スペースが無制限ともいえるデジタルで、あるいは紙面を1、2ページたっぷり使って討論を仕掛けたり長期の連載を企画したりする場合なんかは、両論、複数の議論、多様な見解を並べて、しかもそれを機械的で安易な羅列で終わらせないよう工夫して、深みのある議論、緊張感のある論争の高みへとどうやって発展させていくか、そんな努力が編集者と記者には必要になります。問題は、多様な言論の紹介の先に何を追求するか、ということだと思います。

もう一つ悩ましかったのは、両論併記を糾弾する気運がとても高まっていることです。「おまえはどっちの味方なのかはっきりしろ」と迫ってくる勢いの。

たとえばこれは佐藤さんが当事者として実感していると思うんだけど、ウクライナ戦争をめぐる議論。侵攻したロシア側の内在的論理についても解説しようとする佐藤さんの意見は、ともかくロシアが悪いと断罪してきた多くの日本のメディアとぶつかるところがあったよね。私は個人的には、佐藤さんの意見を支持する部分も、反対する部分もある。だからもし自分がいま編集責任者だったら、掲載のかたちには悩むと思う。ロシアの侵攻は国際法違反の許されざる行為です。これは当然。ただ、プーチンの思考やロジックの詳細を観察、分析する姿勢は必要だよね。行動原理、歴史、宗教、国家観、死生観などに基づいて、いろんな観点から感情を排して冷徹に分析するべきだと思う。

この点、初期の段階では多くのメディアがプーチンは悪だと善悪二元論的に一刀両断する傾向が強かった。プーチンの思考と行動の原理を冷徹に分析することの必要性以上に、こいつはもう常軌を逸しているのだから、内在的論理なんて丁寧に解説する必要は全くない、と。

佐藤　プーチンは発狂したって言っていたからね。つまりもう話をしたって通じない。殲滅の対象であって、分析の対象じゃない、と切り捨てる論調が主流だった。でもプーチンの書いた論文を原文、いや英訳でもいいよ、そうしたものを読みもせず、プーチンの近いところにいる真に権力を持った人間に取材もしていない。それじゃあ、それこそ話にならないよ。後者は難しいとしても、論文は公開されている。ロシア語ができれば読めるんだから。それをしないのは怠慢だ。語学力の問題もあるだろうけど。プーチンの論文を読んで解説をするのは、プーチンの理屈を支持するのとは全く別の話だからね。

西村　私も講演を頼まれたときには、チェチェン戦争の取材体験と同時にいくつかのロシア語論文の解説から入るよ。

ちょっと話はそれるけど、戦争という異常事態においては国家の価値観と本音がむきだしになって現れる。だから太平洋戦争でアメリカは徹底的に敵国の内在的論理を研究したのだし。

佐藤　まさにルース・ベネディクトが著した『菊と刀』だよね。菊の優美と刀の殺伐。1946年に刊行され、日本人論の古典的名著とされている。内容の評価はひとまず置くとして、この本が、米国戦時情報局による日本研究が元になっているということを強調しておきたい。つまり、敵の内在的論理を読み解くことは国際政治の常識なんです。

西村　そう。ただ今回でいうとアメリカ政府もかつてほどのロシア分析ができていなかったように思う。

佐藤 全くできていないね。

西村 これは、ロシア勤務を終えてワシントンに異動したときのことなんだけど、アメリカは冷戦に勝ったという高揚感、ユーフォリアに酔いしれていて、「一極支配のときがきた」「われわれこそが世界に必要不可欠の国だ」といった言葉を閣僚も含めて頻繁に聞きました。自由と民主主義という米国の掲げる、いわゆる普遍的な原理を世界に広げれば世界は安定して繁栄するんだという、未来に対する圧倒的な楽観論に彩られていましたね。市場経済と民主化に向けてロシアや中国、中東を導いていくんだという強烈な米国流使命感は結局失敗するんだけれど、こういう潮流の中で、地域の政治、歴史や文化の専門家の需要はそれほど多くないと言われてしまったわけです。

佐藤 ロシアの政治エリートの中でもそのユーフォリアは共有されていたから。

西村 オリガルヒ（新興財閥）の誕生を支えたエゴール・ガイダル（元首相代行）やアナトリー・チュバイス（元第一副首相）の政府を後押ししたのは、ハーバード大学のジェフリー・サックスに代表される経済学者、世界銀行・ＩＭＦのエコノミストたち。ロシアの急進改革派たちは「ＩＭＦの息子たち」と言われていましたよね。

佐藤 そうして地域の専門家が減った代わりに、国際政治専門家が増えた。

西村　当時の中東について言えば、中東民主化を唱える「理念」先行のネオコン集団が、中東やイスラムの多くの専門家たちを排除して、政策の主導権を握っていました。機能面の分析が主流だったというのかな。

佐藤　ただ機能面の専門家は、いまも基本的に英語で読んでるよね、その地域の言語ではなく。それどころか日本の場合、英語の文献をちゃんと英語で読んでいるかどうかも怪しい。毎日新聞の日本語版『ウォール・ストリート・ジャーナル』で読んでいるだけかも。冗談ではなく、日本の専門家の論文で、日本語版の『ウォール・ストリート・ジャーナル』と日本経済新聞翻訳の『フィナンシャル・タイムズ』の記事を引用している比重はえらく高いよ。

西村　話を戻すと、ウクライナ戦争勃発当初は、日本のメディアの中ではそういったロシアについての分析に紙幅を割くことがやりにくい雰囲気があったと聞いていました。プーチンの思考と行動の背景を深掘りした記事を書こうとすると「ロシアの侵攻を正当化していることにならないように、バランスを取ったほうがいいのでは」という議論が出たそうです。

ロシアをかばうわけではなく、ウクライナの汚職問題や、ノルドストリームの爆破問題、ポーランドへのミサイル落下問題、ウクライナの国家経営問題といった問題を正面から書くことにどこか躊躇するような、何があろうと悪いのはロシアなのだから、両論併記はけしからんというような意見が出てくる。ロシアに限らず、おまえはどっちの立場に立つんだということを、読者や当事者に追及されることを過剰に意識する記者が増えてきたような気がする。議論になりやすいテーマほどそう。

豊かな取材経験に支えられたベテラン記者の良質なコラムならいいんです。だけど、全体像をとらえるための長い解説記事や特集記事、思考の深みを求めるはずの企画にまで道徳的な二元論的価値観を持ち込むのはどうでしょうか。「正義の味方原則」にとらわれた編集作業、番組づくりは、議論を豊かにする可能性を秘めた異論や反論を結果的に排除することになってしまうのではないでしょうか。

ただ一点、フォローするわけじゃないけど、SNSなどデジタル空間での記者個人への糾弾が年々過激になってきているのもまた事実です。紙媒体でさえだいぶ前から、自民党のスキャンダルを報じると自民党の応援団が「フェイクニュースが出た」と突き上げてきたり、野党側のスキャンダルを報じると野党シンパから「自民党の情報操作に乗せられている」と面罵されたりする。最前線で取材している記者はそっちの風圧も感じていると思う。

佐藤　何を書いてもそういうことはあるんじゃないの？

西村　そうでしょうね。『週刊文春』の記者に言わせると何言っているんだ、ということになると思うけど。ただ、記者の中には、いつも自分の立ち位置を決めろと迫られるような空気のなかで、必要な議論や異論、反論に目を向ける余裕がなくなってきている可能性はあると思う。

佐藤　そんなことで余裕がなくなるようなら、記者を辞めればいい。重要なのは、自分がどちらのルートに入っているかを自覚することだよ。読者としてもその記事がどちらのスパイラルに入っているかを見極めながら記事を読んでいく必要があるよね。

西村　ここまで私の体験を通じて感じてきたメディアの五つの罠について佐藤さんと話し合ってきました。ただ、これは記者の世界だけではありませんね。大量破壊兵器問題について、アメリカの新聞では、「おどろおどろしい記事が派手に扱われ、疑問を投げかける記事は目立たない場所に埋もれた」という話をしましたが、この「記事」を「情報」に置き換えれば、まさに、政府の内部で起きたことですよね。だから、「集団思考」については、メディアも、その取材対象である政治家や官僚も、同じ落とし穴にはまってしまうといえます。これは日本でもいえることですが、官僚組織にせよメディアにせよ、「集団思考」の罠に陥る組織では、自分たちに不利な情報を軽視、無視をする、ときには「国益を損なう」と一律に決めつける閉鎖性があります。閉鎖性は、組織全体をモノトーンにします。そうなると、内部のメンバー、それが官僚であれ記者であれ、疑問を提起するのを躊躇するようになってしまいます。これこそが国民の益としての国益を損なうことにつながると思います。

第四章

記者と官僚の七つの鉄則

傑出した人物の共通項

西村　第三章では記者と官僚が共に陥りやすい「五つの罠」を一つずつ分析してきました。ここではさらに進んで、記者と官僚が情報を取り扱う上で忘れてはならない要素について見ていきたいと思います。佐藤さんは、傑出したインテリジェンスオフィサーを問われたとき、まずどんな人を思い浮かべる？

佐藤　やはりハレヴィ氏かな。彼は引退まで一度も判断を誤らなかったからね。

西村　佐藤さんが懇意にしていた元モサド長官のエフライム・ハレヴィ氏。改めて、どんな経歴だったんですか？

佐藤　ハレヴィ氏は１９３４年イギリス生まれ。１９５２年くらいにイスラエルに移住した。学生同盟の委員長をしながらエルサレムのヘブライ大学で法学修士号を取得したのち、１９６１年にモサドに入局した。工作員、副長官、そして１９９５年にはＥＵ（欧州連合）大使を務めて、１９９８年に長官になったという経歴だったはず。

西村 モサドのエリート階段を順調に上り詰めたんだね。佐藤さんと知り合ったときは、もう長官になっていた？

佐藤 なったばかりだった。98年から4年半、モサドの長官として諜報・外交活動を行っていた。

西村 佐藤さんは彼の傑出したところはどこにあると思う？

佐藤 大きく分けると三つあります。まずユーモアのセンス。そして情報源のキャリアやランクにこだわらないこと。それから、情報源とは必ず直接会って、オーラを確認していたところ。

西村 なるほど。一つずつ、詳しく聞いていきましょう。

モサド幹部の傑出性① 「ユーモアのセンス（多角的な視点）を持て」

西村 ハレヴィ氏の言う「ユーモアのセンス」というのは、一般的に言われる笑いやおかしみ、ウィットというような意味？

佐藤 そこにもつながるけれど、もっと多義的に使っています。ユーモア（humor）の語源は「体液」を意味するラテン語「フモール」。もともと医学用語でした。中世の医学では4種の体液「血液」「粘液」「胆汁」「黒胆汁」のバランスで人間の気質や健康状態が変化するという概念が重要視されていたんだよね。

西村　中世では、四つの組み合わせによって気質や健康状態が変化することをユーモアと呼んでいたということ？

佐藤　そう。それらのバランスによって人は変わる、つまり重心は変わるんだけど、構成する要素は変わらない。だから、ある人が突然豹変したように見えるとき、こんな人じゃなかったのに、と思っても、実は内面が変わったわけではなく、その人がもともと持っている要素のバランスが変化しただけということ。

西村　なるほど。もともとあった要素の比重が変わっているだけなんですね。

佐藤　人間の状態だけではなくあらゆるものごとはユーモアで説明できます。たとえばロシアについて。エリツィン時代のロシアと現在のプーチン政権のロシアは、一見似ても似つかない様相だよね。でもどちらにも民主主義的な要素、大国主義的な要素はある。

西村　なるほど。この点はあとでもっと詳しく話し合いましょう。

佐藤　北方領土問題に関してもそう。２００１年に森喜朗総理が「２＋２（歯舞群島と色丹島の日本への引き渡し交渉と国後島と択捉島の帰属に関する交渉を同時並行的に行うこと）」で北方領土交渉をやっていたときと、２０１８年に安倍内閣が歯舞群島と色丹島の二島返還をベースに交渉を行ったときとでは、日本とロシアのユーモアのバランスが変わっています。端的にいえば日本の国力が衰えて、ロシアは国力を増しているけれど、内面的な要素としては変わっていない。ではどこが変わっているかに着目すれば、ただ外側を見ているだけではわからないものが見えてくる。そういったものの見方をユーモアの感覚と私は呼んでいるんだけど。多面的なものの見方、ともいえるかな。ハレヴィさんはこの感覚を皮膚感覚で身に付けていたね。つまり常に別の視点を持ち込むから、一つの仮説にとどまらない。

西村　思考が循環しているわけだ。私が尊敬していた大先輩の国際派ジャーナリストは「国際社会で付き合っていくには学歴、組織、ポストは忘れろ。大切なのはユーモア、教養、ロジックだ」とよく言っていて、亡くなる前も「どんな人間も人生最後に大切なのは結局ユーモアだよ」と言い遺していたんだよね。これはよく言われるユーモアのセンスという意味だったけど、医学用語が心の持ちようにも広げて使われるようになった、ということなのかな。

佐藤　実はそこにもつながるんですよ。ユーモア感覚を持つことによって、何かに執着したりのめり込みすぎたりしないで済むじゃない。

西村　そうか、ものごとを俯瞰できる、あるいはものごとの中心を見極める能力ともいえますね。

モサド幹部の傑出性②「情報源のランクにこだわらない」

佐藤　それからハレヴィ氏は、情報源のランクに一切こだわりませんでした。肩書だとか、所属する組織だとか、そういうことで偏見を持たずに、情報を持ってくる相手がどんな立場の人間でも同じように接して、ただその情報だけを突き放して見ていた。正しいのか、間違っているか、それだけを。

西村　なるほどね。情報収集の段階では相手の背景にこだわらず、正確な情報だけを積極的に受け入れろ、と。

佐藤　ただし情報が間違っていた場合は、その相手がどういう背景から間違えたのかを検証していました。

その情報源の持っている情報が限定的だったからか、分析能力が弱いからか。あるいはその人間が所属する集団の文化的な偏見なのか、と、あらゆる角度から。

西村　検証の重要性についてはこれものちほど、詳しく話しましょう。

モサド幹部の傑出性③ 「直接会ってオーラを確かめる」

佐藤 それともう一つ、情報源には必ず一度は直接会っていました。

西村 直接会って人となりを見る。それは間違いなく必要だね。記者も同じ、取材の基本です。

佐藤 人相見は私もされました。これはあとから人づてに聞いた話なんだけど、モサドの東京機関長が私について打った公電を詳しく読んでいた。ハレヴィ氏から「日本の外務省に面白そうな男がいるから連れてこい」と訓令が出たらしい。よくわからないけれどイスラエルに会いに行って、京都の同志社大学を卒業したなんて話をしていたら、そこで「妻と一緒に京都に行きたいと思っていた。アテンドしてくれ」と言われたんです。後日、本当に日本に来て、御夫婦と京都をめぐっていろんな話をして、それからはモサドに訪ねていくと毎回時間をつくってくれるようになったんだよね。

西村 直接会うことが大事だっていうのは、おそらく情報に関わる人間なら誰でも思うことだと思う。でもハレヴィ氏はずいぶんしっかりと時間をかけているね。佐藤さんという情報源について、それだけ知るべきことが多かったのかもしれないけれど。

佐藤 コロナ禍に精神科医の斎藤環さんと中公新書ラクレ『なぜ人に会うのはつらいのか』

（斎藤環、佐藤優、中央公論新社、2022年）で対談したときに気づいたのは、対面するというのは、本来非常に暴力的だということ。対面ということは、物理的に相手のスペースに侵入していくっていうことだから。リモートだとそうはいかない。嫌な相手ならパソコンを閉じてしまえば、物理的に相手を遮断できる。対面ってある程度、人を追い詰める行為なんだと再認識した。外交が絶対対面でなくてはならないのもこの理由だと思います。直接会うと話が早い——というのは、それだけ暴力的な行為だから。従って、対面だと情報量も多くなる。

西村　なるほど。世界がコロナに翻弄されたとき、取材の現場は一変しました。記者自身が感染リスクにさらされ、海外を含む現場を歩く機会がなくなってしまいました。対面ではなかなか会えなかった海外要人にズームでインタビューができるようになったというプラスの面はたしかにあったのですが、やっぱり対面取材が格段に減ったことへの不満と不安は世界の記者たちの共通の声でした。それはひとえに情報の量です。

たとえば前回（2020年）のバイデン対トランプの大統領選。記者たちはリモート取材を余儀なくされました。私自身、過去2回のアメリカ大統領選とロシアの大統領選を取材し、ブッシュ、ゴア、ケリーや、エリツィン、ジュガノフ、レベジといった候補者に密着して、全米、全ロシアを回りましたが、選挙取材では、そしてこれは国内の選挙取材も同じなのですが——現場で得られる手探りの、ときには五感を総動員して得られる情報と感触がとても大切でしたね。コロナ禍の選挙取材ではこれが失われたわけです。地方遊説、候補者同士の討論会などでは、候補者本人への対面取材はむろんのこと、周辺を行き来するスタッフの反応、彼らの息遣い、表情や汗、事務所を流れる空気、そんなものからも、さまざまな情報が得られたものでした。

佐藤 対面というのは、相手にとっては侵入されることを意味します。でも会うことで、人間の実態の、一種のオーラのようなものがわかる。

西村 そうだね。人それぞれにその人固有のオーラがあるからね。

佐藤 その通りだ。相性が第一印象でわかるっていうのは、あながち眉唾《まゆつば》ではないと思う。

情報源を甘やかさない・情報源に甘えない

佐藤 ハレヴィ氏に関しては、以上の三つの要素が非常に印象的ですね。細かいところはもっといろいろあるけれども。西村さんはどうですか?

西村 私の場合、誰か特定の人物というよりは、有能なインテリジェンスオフィサーやワシントンやモスクワの敏腕記者たちとの出会いを通じて感じた共通点になりますが。いちばんのポイントは「情報源を甘やかさない・情報源に甘えない」ですかね。さきほどはオフレコの信義とそれにもかかわらずそれを破らざるを得ない場合について話し合いましたが、情報源の秘匿は基本中の基本になります。しかし、特定の情報源に依存してしまうあまり、嘘や不正を見抜けなくなる、それを隠すということになってしまうことがある。

佐藤　ああ、全く同感です。

西村　もちろん情報源の秘匿は記者の義務です。内部告発や秘密情報の提供が匿名希望だったら絶対に素性がバレないようにする。

佐藤　そう。守ることと甘やかしは別の問題だから。

西村　甘やかされた情報源、つまり悪い例として真っ先に思い出すのは、イラクの亡命組織であるイラク国民会議のトップ、アフマド・チャラビ氏ですね。彼は、イラク大量破壊兵器について情報操作をしたアメリカのネオコングループの情報源であり、ニューヨーク・タイムズのスター記者の情報源でした。ネオコンは当時、フセイン大統領追放に非常に熱を上げていたんだよね。私が取材したときも、フセイン政権が倒れてイラクに新政権が誕生すれば、中東のほかの国にも刺激となってドミノ倒しのように独裁政府を倒すようになるだろうという、とてもナイーブな中東改革構想を語っていました。「民主化」という普遍的な理念に固執するあまり、米国の各地にいた中東専門家の人たちをないがしろにして、政策決定の中枢から彼らを排除していた、ということものちにわかるんだけど。

佐藤 そもそも、自分の国を裏切って出てきて、外国から金をもらっているやつを信用できると思う時点でおかしいと思う。

西村 そりゃあそうだね。このチャラビ氏にも何度か直接取材したんです。同じ反体制組織のリーダーとはいっても、かつてチェチェンの戦場で取材した反政府ゲリラたちとは全く違いましたね。さっきの「直接会ってオーラを見る」という話にもつながるんだけど、チェチェンの戦場で会った独立派の指導者やゲリラたちは、まさに命を賭して巨大帝国ロシアに立ち向かっていたので、目も血走っていて、向かい合って座ったときには殺されるんじゃないかとたじろぐほどの凄まじいオーラを放っていました。チャラビはでっぷりした口の達者なロビイストといった感じで、なんの「気」も感じられませんでした。イラクからの亡命者で、アメリカを利用してフセイン政権を倒すという壮大な大義があったはずなのに、まるでそんな気概を感じない。その理由はあとになってわかりました。彼はネオコングループから潤沢な資金提供を受けていた上に、彼をネタ元にしていたニューヨーク・タイムズの記者に非常に甘やかされていたんだ。

佐藤 アメリカのオペレーションって、自分たちが完全に統制できる人間を連れてきたがるんだよね。ロシアのオペレーションは現地に基盤のある人間を採用するんだけど。

西村 甘やかすって、自分が甘えていることでもありますよね。一つだけの情報源に頼り、その情報の裏とり、つまり情報が正しいかどうかの確認をしなくなる。では情報源を甘やかして、いい加減な情報を取るようになって誰がいちばん迷惑をこうむるか。メディアの場合は読者、視聴者である国民だし、官の場合でいうと、国家であり、国民なんだ。

検証を怠らないこと

西村　取材していて実感した、優れた人たちの特徴のもう一つが「検証を怠らない」。さっき、ハレヴィ氏の話にも少し出てきたけれども。

佐藤　検証は絶対に必要です。

西村　私自身、検証こそメディアにもっとも必要なことだと思っています。日本のメディア人としての猛省を込めていうと、アメリカでもそのことが重要視されるようになったのはやはりイラク戦争以降でした。それまでは大半のメディアはほとんど情報の自己検証をしていなかった。個々の誤報の検証はあったけれども、基本、書きっぱなしだった。しかし、一連の虚構の大量破壊兵器報道をきっかけに、どうしてそういった失敗を犯してしまったのか、メディア業界全体としてものすごく力を入れて検証するようになったんです。

佐藤　インテリジェンス機関と外務省の最大の違いは検証するか、しないかです。外務省は検証しない。自分たちのやった交渉がうまくいかなかったとしても、相手のせいにして終わり。検証するということは、省内の誰かを批判することになる。内部で「血」を流すことになるからね。本能的にやりません。それまでの対ロ交渉の問題点についてまとめたペーパーを書いたら、すごく嫌われたよ。

西村 でも、それをしないと同じ過ちを繰り返してしまう。

佐藤 そう。だから嫌がられながらも非公式で続けていました。なにしろ情報機関の場合は、まず、間違ってはいけない。間違ったら最悪戦争になって、国が滅びる。それまでにどんな功績があった人間でも、間違えた時点で排除される。昔「アップダウンクイズ」ってあったでしょ。正解するとどんどん上に行けるんだけど、間違えたら一気に下まで落ちちゃう。

西村 われわれの世代には懐かしいクイズ番組。

佐藤 それと同じ。もっとシビアかな。また上に登ることはないから。闘鶏と一緒で次のチャンスはない。

西村 負けると負け癖がつくからね。

佐藤 そう、一度でも負けた軍鶏《しゃも》は負けが怖くなるから、もう勝てない。だから負けた時点で潰して食っちゃう。情報機関も同じで、1回間違えた人はまた間違えるという考え方です。だからその人間を組織から除去した上で、間違えないためにどうすればよかったのかは徹底的に検証する。

西村　メディアの場合は読者の信頼を失って相手にされなくなる。それは報道機関にとって死の宣告に等しい状態です、本来は。ただ間違えないメディア、失敗しない記者というのはありえません。ハレヴィ氏のように引退まで一度も間違えなかった人間なんてそうそういない。どうしても失敗は起こりうる。だから起きたときの対応が大切になります。

佐藤　まず、徹底的に検証しないと。

西村　そして検証には依って立つ規律が必要になるんだけど、これについては私がワシントンから帰国したあと、毎年1、2回米国に出張していたときに定点観測的に会っていた約10人のメディア人の一人、トム・ローゼンスティール氏の意見が参考になると思います。トムは『ロサンゼルス・タイムズ』を皮切りに『ニューズウィーク』、『MSNBC』でキャリアを積み、現在は大学とシンクタンクでメディア論を教えている、アメリカでは非常に有名なメディアウォッチャーです。彼には、ジャーナリズムの規範からデジタル化の収益戦略までいろいろ質問しました。彼がビル・コバッチと書いた『The Elements of Journalism』『Blur』はアメリカでジャーナリストのバイブルと呼ばれていた。そういった書籍と、彼に対する何回かのインタビューをもとにすると、彼は検証の規律を5点にまとめていたんだよ。

ここで紹介すると、

1 そこにないものはつけ加えるな
2 読者や視聴者を欺くな
3 自分の方法と動機について、できる限りの透明性を持て
4 頼りにするのは自分自身のオリジナルの報道だけだ
5 謙虚たれ

すべて同感で、中でも自分にとって重要だと思ったのが、透明性と謙虚さです。透明性というのは、記者の世界でも、記者が政治に突きつける言葉として必ず使う決まり文句で、いわば相当手垢のついた言葉だよね。でも、東日本大震災が起きたときに改めてこの言葉の重みを実感したんです。たとえば、当時私は東京で編集局長をしていたんだけれど、連日の怒濤のような震災、原発報道の中で、「われわれは何日何時現在、この情報は確認できていません。ここまでは取材をしたけれど、こういう理由で確認がとれませんでした」といった趣旨のことを正直に伝えることがなかった、というよりできなかった。自分の知っている情報を出すだけではなく、「知らない」ことも伝えてこその透明性だといまは思うんです。もちろん、情報をあらいざらい出して、どこまでを説明するかはいろいろなケースによるけれども。

佐藤さんが外交交渉の検証ペーパーを刷ったというのは、どの程度までやっていたの？

佐藤　非常に嫌がられるから、あくまでも非公式で記録に残さないことを前提に、自分たち情報収集分析チームの勉強会の資料として作成しました。あとになってわかることってたくさんあるからね。国内外で出版されているノンフィクションやジャーナリズムの書籍も参考にして、過去の対ロ交渉を整理したんです。それをメンバー内でチェックして、今後の交渉に生かすためのメモはこっそり取っておいたんだけど、もう捨てられちゃっただろうな。

西村　えっ？　捨てられちゃった？　佐藤さんが書いたメモを？

佐藤　私が逮捕されたあと、私に関連するものはすべて破棄されたはずだから。

西村　それは外交文書でしょう。佐藤さんが非公式に作成した書類関係が、情報公開で出てきたら面白かったのに。

佐藤　そうね。私が分析一課で作成した情報関係一式とすると膨大すぎるけど、日付と期間を絞って検索すれば出てくるかもしれない。あくまでも非公式のメモだけど。情報公開法では、このような性格の文書も公文書になる。

いずれにしても、非公式であろうと個人のメモであろうと、検証は絶対にしたほうがいい。同じ失敗の予防になるだけではなく、何より以降の交渉事で有利になるんです。ロシアの外務省も検証なんてしていないから。

西村 検証を怠った組織が多いとなれば、検証をした側が必然的に有利になるね。逆に、しなければ不利な立場になりやすい。

佐藤 ロシア側にも非公式のメモはあるはずなんだ。たとえばエリツィンの側近だったブルブリスから口頭で「メモが絶対にあるはずだ」と聞いていた。外務省本省は「ない」と言っていた。私からブルブリスの証言を聞いた東郷和彦公使が、東京に一時帰国したときにロシア課長を締め上げたら、どこにも記録のなかった重要な秘密交渉（渡辺美智雄外相とアンドレイ・コズイレフ露外相の会談）について、通訳が手書きでつくったメモをロシア課長のキャビネットで見つけたことがある。

西村 それ、日本側が拒否した、コズイレフの秘密提案だね。歯舞と色丹の引き渡し協議と国後、択捉の帰属協議に関する提案だった。聞いていて思ったんだけど、官の情報の検証は、本来はメディアの仕事でもある。メディアには官が隠したいことだけでなく、公にしたいけどできないことを表に出すという役割もあるはずですね。デフォルトのオフレコカルチャーに浸かっていると忘れがちだけど。

佐藤 検証って結局はどこで誰がどんな嘘をついたのか、あるいは能力不足で失敗したのかを暴くことになるからみんな嫌がるのは当然なんだ。自分がやり玉に挙がるのを好む人はそういないだろうし、お世話になった上司や先輩の名誉を傷つけることになるケースも反発するよね。

たとえば、第二次世界大戦末期に多くのユダヤ人の命を救った日本の外交官・杉原千畝は、いまでは東洋のシンドラーとも呼ばれて世界中から評価されているけれども、戦後に外務省を辞めさせられている。なぜかというと、ユダヤ人を出国させるなという外務省命令を無視してビザを発給し続けたから。1991年に当時外務政務次官だった鈴木宗男さんが杉原家に謝罪し名誉を回復したのだけれど、そのときも外務省内で猛反発があった。杉原氏の行為を認めると、杉原さんが辞職したときの事務次官の名誉を傷つけるという意識があったから、後輩たちががんばって抵抗していたんだ。

西村 いまでは、外務省が主導してやった功績のようになっているのに。

佐藤 自分にとって、あるいは組織にとってのメリット・デメリットを考えるのは当然だけれど、なるべく高い視点で俯瞰できるように意識はしていたいよね。

知的謙虚さを忘れない

西村 ローゼンスティールの検証の規律5箇条のうち五つめの、「謙虚たれ」。これも私が自戒を込めて気をつけてきたことです。おのれの能力の限界を見ること、自分の能力を正視することと言い換えることができると思います。自分の集めた情報やその過程で立ててみた仮説が間違っている可能性、バイアスで事実を曲解している可能性をいつも認識しておくこと、とも言えるかもしれません。過ちを犯さない人間がいないように、過ちを犯さないメディアもない。

佐藤 それはそうだよね。偏見というのは誰もが必ず持っている。

西村 これは本当に苦しい経験、記憶なのですが、検証といえば、朝日新聞社の慰安婦問題をめぐる一連の問題に触れないわけにはいかないでしょう。朝日新聞は1982年以降の慰安婦強制連行報道の中で、吉田清治という人物が、山口県労務報国会下関支部動員部長として慰安婦目的のもと多くの朝鮮人女性を強制連行していた、と話していたいわゆる「吉田証言」を、たびたび取り上げてきました。この証言は嘘であると多方面から指摘されていたのに対応が遅れ、2014年の検証記事でようやく吉田証言は虚偽であると判断したのですが、検証記事に謝罪がなかったことなどが大問題になりました。

さらに、その検証記事におわびがなかったことを批判した池上彰さんの連載コラム「新聞ななめ読み」について、当時の経営陣と編集局が掲載を見送るという痛恨の大失態を犯したため、これも世間の大バッシングを受けました。同じ年、東京電力福島第一原子力発電所事故当時の所長、吉田昌郎《まさお》氏（故人）の聴取記録を朝日が独占入手したのですが、これも記事の取り消しと謝罪に至りました。複数の問題が同時に起きた年でした。

私はそれまでデジタルビジネスと国際事業の担当役員だったのですが、社長（当時）による記事取り消し・謝罪会見の終了直後、出張先のシリコンバレーに、すぐ帰国せよとの連絡が入りました。帰国後、新任の編集担当役員として、三つの社外委員会の皆さんに議論や提言をお願いしながら、問題となった「検証」や一連の報道の「再検証」「再々検証」をやり、失われた信頼の回復のために何ができるかについて、読者の皆さんとの話し合いを何度も重ねました。編集部門から独立して報道を点検し提言するパブリックエディター制度、調査報道やフォーラム機能の強化と双方向のフォーラム面の新設、地域や社会の課題の解決を探るソリューション・ジャーナリズムの実践とか、いくつかのことを決めました。さっき話した経営と編集の関係もその一つ。

社員集会で私は「インテグリティ」を回復しようと呼びかけていました。直訳すれば、誠実さ、潔さ、公正さ、揺るぎない道義心といったジャーナリズムの職業規範になります。記者たちからは「また横文字かよ」なんて言われてしまって、残念ながら浸透しませんでしたが、あるとき、販売店のオヤジさんが「あなたがよく言っているインテグリティというのは、正直であれということですね」と聞きに来てくれたことがあって、それはうれしかった。たしかに一言ですぱっと表す日本語がずっと見当たらなかったんだけど、佐藤さんとの議論の文脈に置き直せば「知的謙虚さ」と言い換えることはできるかなと、いまは思います。

佐藤 「知的謙虚さ」か。なるほどね。そう言えば、ハレヴィ氏から「諜報部員は神の前で謙虚たれ」と言われたことがある。これを世俗的な言語に翻訳すると「知的謙虚さ」になるのだと思う。

西村 記者が取材に行くとき仮説を立てることはよくあるんだけれど、現場に行くと仮説は簡単に裏切られます。自分なりの仮説を裏付ける事実がなかった、足りない、説得力のある反証にぶつかった、そんなことはしょっちゅうです。もう一回仮説を修正し、再取材し、そしたらまた反証を再発見して……と、このプロセスの繰り返し。そんなことをしていたら真実には永遠にたどり着かないとよく言われるし、締め切り時間は絶えずやってくる。でも、書きっぱなしにせず、また取材、反証、再取材、再仮説のサイクルを再開する。取材とはそんなことの積み重ねで、それを受け入れることと、他人の反証に寛容であることが、知的謙虚さだと思います。

でも、実際には、自分の、あるいは上司の仮説を絶対だと思いこんでしまって、取材がただの確認になってしまうケースがとても多いんだ。そこに発見はないよ。特に新人記者は。そうではなくて、反証に出会ったらむしろ喜ぼう、って、毎年の新入社員研修では言っていた。

人工知能のオープンAIがチャットGPTの毒性や偏見をあぶり出すための「レッドチーム」を雇って、「敵対的な検証」を行ったそうだけど、個人レベルだけでなくて、こうした組織的な内部検証も、単なる「確認の上書き」を防ぐことになりますよね。私がいた新聞社が公文書改竄《かいざん》の特ダネを報じたときも、取材陣に対して「レッドチーム」的な役割を引き受けた記者がいて、物証の有無や証言の信憑性について満足いく回答を得るまでとことん疑問をぶつける作業を繰り返していました。

佐藤　特捜の恐ろしいところは、物証が出てこなくても供述だけで証拠をつくるところだけど。特捜事件は基本、痕跡を消しながら動く知能犯が相手だから。そして検察の目的は公判を維持して、ちゃんと有罪にすることだから。逆に特捜に摘発される以前の段階でとんでもない犯罪が行われていると情報があっても、公判を維持できないと判断したら、事件化されません。たとえば中曽根康弘さんはロッキード（グラマン）事件で捕まらなかった。

西村　完全にスタート地点が違うよね。

佐藤　それといま聞いていて思ったのは、過去も含めた現在進行形の事実を探るメディアに対して、インテリジェンスの情報収集は近未来の予測のためであって、ここは大きな違いだね。

西村　たしかに、見ている時間軸は違うかもしれない。

佐藤　そしてわれわれの予測は間違うことが許されない。たとえば政治家に、政策意思決定に関して質問をされて、適当なことを言ったら国の進退に直結する。だからわからないときはわかりませんというしかない。

西村　公文書の黒塗りカルチャーも、予測に基づく政策決定の検証を妨げるね。

２００1年に情報公開法が施行され、民主党政権が外交文書の30年後の公開ルールを決めた。毎年12月に公開されています。私も外交担当記者だった頃は答え合わせのような気持ちでチェックしていたところもあった。直近では２０２３年の年末に公開された外交文書。このときは１９９2年の天皇訪中が大きなテーマになりました。慎重だった当時の宮沢首相とは対照的に、訪中に積極的だった外務省の姿勢を解く上で重要だった天皇の意向にかかわるところ、これが黒塗りだったので結局わからずじまいだった。日米安保関係でもアメリカ側の文書では公開されているのに日本では非開示という例がたくさんあったよね。

佐藤 公開を前提としていない時代につくられたから。逆にこれからは黒塗りは減ると思うよ。２０３０年以降は、むしろ文書そのものが出てこない。なぜなら、公開されたくない文書はつくらないほうが安全だから、最近はそもそも重要な文書は作成しないようになっているんだ。

西村 外交当局はもともと検証に極めて及び腰だったのが、ジャーナリズムが情報公開のルールの徹底を強く求めれば求めるほど、逆に官の世界は記録を残したがらなくなるという皮肉だ。初めからなければ公開のしようもない。

佐藤 その通り。たとえば２０１８年11月14日に行われたシンガポールでの日露首脳会談。１９５６年の日ソ共同宣言を基礎として交渉を進めるという「シンガポール合意」があったわけだけど、これはいつ交渉が始まったか、どうやって意思決定がなされたか、誰が出席していたのか、公式記録は一切残っていないと思うよ、私の知るかぎりでは。中央公論新社から出ている『安倍晋三 回顧録』（安倍晋三、橋本五郎、尾山宏著、北村滋監修、中央公論新社、2023年）がかなりコアな部分まで迫ってはいるけれど。

西村 記録の不在、つまりは検証不能、これはとんでもなく恐ろしい世界につながると思う。2018年の日露交渉に関わる公式文書の不在がまさにそうです。北方領土問題に対するアメリカ政府の関与についても、レーガン政権、ブッシュ（父）政権、クリントン政権が北方領土交渉にどのように関わったのかについてワシントン勤務当時、いろいろ調べて書いたけれど、日本側ではいまのところ検証のしようがない。

不作為の失敗に向き合う

西村 検証に関してはもう一つ、不作為に関する問題もあるよね。実行して失敗したことはある意味、わかりやすいじゃないですか。でも不作為――見て見ぬふりをした、あえてやらなかったことに関しては、そのまま何もなかったように流してしまうことが多いでしょう。

佐藤 不作為の例はたくさんあるんじゃない？　記者であれば、そもそも記事には書きどきがあるよね。あまり詳しく知りすぎてしまうとかえって書けないから、あえて知ろうとしないっていうのも不作為と言えば不作為でしょう？

西村 テクニックのレベルの話もあるかな。

佐藤 2018年、『朝日新聞』は日露の北方領土交渉をめぐり、二島先行返還を話題に出したよね。「首相『2島先行』軸に／4島一括返還から転換」という見出しだった。

西村 一面トップ記事だったね。

佐藤 おかげで国民に間違った認識が広まったんですよ。実際の交渉の現場ではそんな枠組みではやっていなかったのに。そして、そのことを知っている記者が朝日新聞内にいなかったわけがない。でも一面に明らかに事実と違う記事が掲載されるのを黙認したということだよね。これは明らかに不作為の例だと思うよ。

西村 「先行」ではなくて二島の返還がベースであるという情報をすべて摑んでいた上での不作為だったといえるのかどうか……。近しい人間のことは正直なところコメントしづらい。

私自身も関わった例でいうと、さきほど触れた朝日新聞の過去の慰安婦報道とその検証には、不作為の失敗があったといえます。この経緯についてはすでに話しました。虚偽であることを指摘されていた「吉田証言」の検証をずっと先延ばしにしてきたこと、すぐに謝罪をしなかったこと、それは不作為といえます。

佐藤 さっき言おうと思ったんだけど、慰安婦問題に関しては、私は疑問に思っていたこともあるんだよね。だって当時においては、取材班が力を尽くして取材して、できうるかぎりの検証をして、真実相当性があると確信して掲載したんだよね？　その行為自体に関しては、謝罪が必要なのかな。産経新聞も同じことを書いていたじゃない。

西村　佐藤さんがそう言ってくれることはありがたいよ。それに真実相当性というのは、われわれ日本のメディアがよく使うよりどころのような概念ではある。でもこの問題は、なぜ2014年まで誤報が放置され、その検証や訂正、記事の取り消しが遅れたのか、なぜその検証記事がまた批判されたのか、ということで、それとは違うんだ。われわれとしては再検証紙面、英語版も含めた複数の社外委員会の報告書の公表、何回かの記者会見、社内改革方針の発表などを通じて世間にお伝えしたのですが、他社もやっていたとか、その当時は仕方なかったとかいうたぐいの言い訳は一切許されなかった。

佐藤　わかりました。少し厳しすぎると思うけど、この話はここまでにしよう。

いまこの対談をしている前に大きな話題になった二つのニュースも、不作為の例にあたるんじゃないかな。故・ジャニー喜多川氏の性加害は、数十年前からあらゆるメディアが実態をそれなりに知っていながら黙認していたこと。宝塚歌劇団で常態化していた壮絶ないじめ・パワーハラスメントが劇団員が自死するまで明るみに出なかったこと。なぜ文春やBBC以外のメディアは報じなかったんだろう。

西村 もう退社したあとだったけど、新聞各紙の検証紙面、テレビの検証番組のテキスト版はだいたい読みました。いちばんぐさりと来たのは、宍戸常寿《じょうじ》東大大学院教授が朝日の座談会で言っていたことです。一部だけ紹介するとこうだよ。

「『沈黙』という言葉に乗ることで、メディアが自己の責任を矮小化していないか。テレビだけでなく新聞も、ジャニーズ事務所の力を増大させる構造に加担する側でなかったか」「問題の核心は、芸能事務所と新聞の関係ではない。圧倒的に強い事務所とテレビの密接な関係を背景に、少年に対する性加害が繰り返されたのはメディアの生態系の問題だ。そのような構造的問題を取り上げて警鐘を鳴らすという新聞の任務をテレビとの関係で放棄していたのではないか」

宍戸さんはここで、系列のテレビ局を含めたメディアのエコシステムの問題として正視しろ、と言っているんだね。

佐藤 エコシステム、つまりは利権だ。それはある意味当たり前だよね。一般社団法人である徳島新聞や共同通信が書かなかったらそれは不作為に当たるだろうけれど、朝日新聞は株式会社でありグループ企業であって、新聞だけの問題ではなくなる。株式会社の目的は営利の追求だから、目的としては間違ってはいないんじゃない？

西村 エコシステムの維持の中で性加害問題が放置されていたとなると、メディアの側としてはそうは言えないよ。ちょっと新聞単独の世界だけで見てみれば、「ジャニーズ利権」はそこまで大きなものではなかったと思うんだよ。系列雑誌の編集長なら表紙にジャニーズのタレントを起用できなくなる、芸能記者なら彼らを取材できなくなるという問題はあったんだろうけど、私が当番編集長や編集局長をしていた頃は、編集局として配慮するような話は全く出てこなかった。しかし、「問題はそこじゃないだろ!」というのが宍戸さんの指摘です。

佐藤　もし忖度があったとしたら何? 人事交流? あるいは誰かをかばっていたとか?

西村　うーん、忖度というより、肌感覚で言っていいなら、新聞社という伝統メディアのニュースヒエラルキーの中で芸能ニュースはずっと下のところに見られ、同じ文化報道の中でも論壇ジャーナリズムや芸術批評の世界よりはずっと下に位置づけられていたと思う。本来は昔から一部の記者たちが熱心に取り上げてきた児童虐待や女性の性被害の問題と同じ深刻な人権侵害問題以外の何物でもないんだけど、ジャニーズ問題は長いことその種の芸能ニュースと見られていた。これについては日本では男ばかりの編集局だからそうなるんだ、という批判を受けた。その通りだと思う。

　実は、大学の研究会で、2017年にハリウッドの超大物ハーベイ・ワインスタインの性的嫌がらせや性的虐待を調査報道したニューヨーク・タイムズ記者の手記を学生や現役の記者たちと一緒に読み直したんだ。これは、#MeToo 運動のきっかけになった記事なんだけど、単なる事件報道にとどまらず、被害者を黙らせるための示談システムを、「沈黙をカネで買い、事件を隠蔽し、加害者を増長させるための取引制度」と名づけ、まさに「システム」にまで切り込んでいた。

ジャニーズ問題を掘り起こしたBBCの記者も日本社会の構造的な問題点まで掘り下げて伝えていましたね。日本ではしょせん芸能ニュースだという惰性が長い間働いてしまった。マスコミの不作為、利権に由来する斟酌、忖度、遠慮、見て見ぬふり。それがこんにちのメディア不信を招いている。これは不作為の失敗といえる。

佐藤　でも資本主義社会においては越えられない壁でもあるよね。実行行為の時点において、事実を明らかにすることによって得られる利益、不利益を天秤にかけて、圧倒的に不利益が大きければ実行しないのは、資本主義社会の価値感として当たり前。逆に、実行しないことでマイナスが大きくなるのであれば、会社の利益を維持するために実行する。それも当たり前。

西村　でも、そうした当たり前という認識がこんにちのメディア不信を招いているからね。やはりしっかりと検証して、反省しなければいけないと思う。自分だったらどう検証していたか、となると、正直とても難しい。各社の検証担当者は本当に苦労したと思う。しかし、ここまで各メディアが掲載、放映してきた検証特集に、ずさんだ、おざなりではないか、突っ込みが足りないといった批判が多数寄せられている。先ほど紹介したメディアのエコシステムの指摘もまさに検証作業に向けられた批判でした。

職業的良心と独立性を持つ

西村　40年間、新聞という伝統メディアの記者と役員をやったり、日米合弁の新興デジタルメディアの代表を創業から8年間やったりしてきて、ここまでの人生を反省も込めて見つめ直す上で大きかった経験があります。それは、アメリカから帰国後の約10年間、毎年の海外出張で定点観測的に会ってきた各国のメディア人たち、ニューヨーク・タイムズの発行人のサルツバーガー父子や、同紙の歴代の編集主幹、さっき名前を出したローゼンスティールのようなメディアウォッチャー、毎年の世界ニュースメディア大会に集まってくる東南アジアや欧州のジャーナリスト、こういった人たちとの対話でした。それでそこからたどり着いた結論、というよりは、ぐるっと回ってまた元に戻ってきたような感じなんだけど、記者にとっていちばん大切な規律とは結局、「独立性」なんだな、ということなんです。

既存のジャーナリズムに対する世の中の信頼は落ちています。新聞の紙の部数は激減しているし、デジタル版の有料購読者数は一部の例外を除いて伸び悩んでいます。ジャーナリズムを実践するための経営的な持続可能性が揺らいでしまっている。ソーシャルメディアプラットフォームの影響力はとてつもなく大きくなっているけど、国内外には偽情報や誤情報、陰謀論が飛び交っているし、伝統メディアと巨大プラットフォーマー、ビッグテックとの力関係は完全に逆転したといえますよね。

メディア環境がこんなにも大きく変わって、誰もがあらゆる問題について発信できるのは革命的だし、そうした発信の中には、メディアにとって耳の痛い批判もたくさんありますが、自分の考えや立場と違う人間、記者、媒体に対して、これまでよりもずっと声高で攻撃的に、ものすごい拡散力と増幅力で集中砲火を浴びせることが簡単にできるようになった。

佐藤　批判すること自体が目的になっているような人も少なくはないからね。

西村　そうですね。そんな時代だからこそ、「独立性」の意味を改めて考えて、大事にしたいと思っているんです。「中立性」とか「客観性」とか、ジャーナリズムには昔から規範を示す言葉がたくさんあります。これらはもちろん大切なんだけど、あくまでも報道という仕事における方法、手法だと思っています。記者が事実にどこまでも忠実であろうとするときに、あるいはものごとや自分の報道を検証するときに、自分を支え、鍛え、補強する方法論であって、それ自体が自己目的化してはならないでしょう。さっき検証のところで話したように、真実の探求は終わりのない旅であることが圧倒的に多い。それを読者、市民に伝えるにあたって決定的に重要な規範を一つだけ言葉にするなら中立性や客観性ではなく、やっぱり独立性だと思うんだよね。

佐藤　西村さんにとっての独立性ってどういうもの？

西村　40年間の反省も込めていえば、政治的な党派や宗教、特定のイデオロギーからの独立、取材対象や情報源からの独立、ビジネス上の利害や動機からの独立、特定の運動団体や住民団体を含むいかなる組織に対しても距離を置いて、独立した存在であろうと努めることです。それだけではなくて、日頃の意識の持ち方でも、思い込みや偏見、内なるドグマを排す、懐疑心と探求心をもって事実に向き合う、不快な反証にも寛容であろうとすることです。

ＢＢＣは以前、企業として最も大切な概念を尋ねられて"impartiality"（インパーシャリティ）という言葉を挙げていました。これは何かというと、正確性、バランス、文脈、距離、公明正大、公正、客観性、寛容さ、厳密さ、冷静さ、透明性、真実、この12の要素をすべて包み込んでいるもの、それらすべての上にあるもの、それが彼らなりのインパーシャリティなんだと。でもこれもぴったりくる日本語がなかなか見つからないんだ。ＮＨＫのある人が「不偏不党」と訳した。どこの党派にもおもねらないということ。これはこれで適切な訳だとは思います。

「不偏不党」といえば、私が新聞社に入社した年に、当時の編集の最高責任者の話を聞いたんです。彼は「不偏不党」について「偏せず党せず。中立とは違う。ほかのいかなる政党、勢力、組織、宗教からも独立した主体性をもって、われわれ自身が信じるところに従って是非を弁別しながら言論報道活動をしていくということだ」と説明していました。ここに「独立」が入っています。別の幹部は1970年代に、これについて『中庸』と言い換えてもいい」と説明した上で、「日本の新聞は選挙のときに機械的な中立主義を貫いてきたが、英米メディアのように政党や候補者の支持を明確にするのがあるべき姿ではないか」という問題提起もしていました。このように、「不偏不党」には歴史的にもさまざまな議論がありました。あるいは、第三章で問題にした、無機質で機械的な両論並記の言い訳としてこの言葉が使われることもあります。私としては、メディアが立脚すべき最高の規範としては、「偏せず党せず」「中庸」よりは「独立性」の方がしっくりきます。ただ、これらは対立する概念ではありません。

意識の持ち方としての独立、政治的な党派からの独立、取材対象からの独立、ビジネスの利害からの独立、この四つの独立性を維持するという意識が重要だと。

官僚の世界ではどうですか。

佐藤 官僚の世界には、独立性は必要ないんだ。国家機構という暴力装置の中にいる人たちだから、独立はない。政治的中立性もないよね。常に与党側。与党と政府が一体となって政策に取り組むものだから。

西村 外務省に限らず、組織の中にいる以上、限界はある、と。

佐藤　だからといって何でも言うことを聞くかと言ったらそれは違う。たとえば、公電改竄は、どんなに強いられても断らないといけない。だって、重大かつ明白に瑕疵《かし》ある違法な命令だから。仮に上司におもねってそんな違法なことに迎合していたら、出世はするかもしれないけれど、露見した際にはそりゃそれだけの責任を感じることになる。

もし公電を改竄しろと言われても、私なら「俺はノンキャリアで頭悪いんで、課長が具体的に指示をしてください」といって、その具体的な指示に基づいて、最低限のことしかしない。絶対に納得できるような仕事ではないはずだから。そうやって食い下がれば、私の経験では、多くの上司は指示を取り下げると思う。

西村　ノンキャリ官僚だった佐藤さんの決意と胆力はよくわかります。あなたなら、公電改竄を強要する犯罪的な課長がいたとしてもビシッとはねつけられるでしょう。ただ官僚が皆、権力を持つ上司の圧力に最後まで抵抗できるわけでもないでしょうね。そこに押しつぶされてしまう官僚もいるでしょう。その場合は佐藤さんの言う国家機構という暴力装置の中にいる上司たちの職業的良心が問われます。佐藤さんへの質問ですが、官にとっての独立性とは職業的良心ということになるのかな？

佐藤　少し違う。特定の政権や上司ではなく、日本国家に対して忠実であることと思う。

もっとも私は、職業的良心に基づいた意見を3回言って通らなかったら辞めると決めていた。

官僚が軍人と違うのは、辞職という選択肢があることだね。

西村 意見が通らなかったエピソードはある？

佐藤 最初に断ったのは、裏金組織「ルーブル委員会」の担当を引き受けること。

西村 ああ。各国の大使館員が私用車をルーブルで売却して、外貨に換金するっていう裏金組織。

佐藤 そう。私がモクスワ大使館に赴任した1987年8月当時、在ソ連日本大使館員は、自分の私用車や家電製品をアフリカか中南米の外交官にルーブルで売って、小遣い稼ぎをしていました。ソ連と関係が良好な第三世界の外交官は、ウィーンの銀行で大量のルーブルを仕入れてモスクワに運んでいました。KGBが工作資金を得るためにソ連国内ではあまり流通していない50ルーブル、100ルーブルの高額紙幣をウィーンの銀行に売っていた。ウィーンの銀行のレートは公定レートの5～10分の1だったからね。ソ連は自国通貨の持ち込み、持ち出しをどちらも禁止していたけれど、外国人である大使館員はチェックを免れた。

小遣い稼ぎのからくりとしては、まず、大使館員が外交特権を用いて免税で私用車を買う。300万円くらいの車が免税で200万円。その車を1年か2年乗ったところで、モスクワ在住の外交官にルーブル払いで売る。こうして得たルーブルを大使館内で公定レートの2～3分の1で販売する。要するに公定レートより安く、ウィーンの闇レートより高いレートを定めて利鞘を稼ぐ。大使館内に総括参事官をヘッドとする「ルーブル委員会」という組織が作られ、その委員会の存在自体が極秘とされた。特に外務本省の査察に引っかからないように細心の注意を払っていた。東京の外務省には公定レートで申告し、それに見合った給与を外貨で得ていた。ルーブルのレートは大使館幹部が決めていた。通帳をつくることができないので、すべて現金で管理する。時期によって異なるけれど、1台当たり50万~250万円の儲けになった。夫婦で4台車を売りさばくと1000万つくることができるので、もはや小遣い稼ぎの域を超えた不正蓄財だった。

ちなみに私はルーブル操作で1円も儲けていない。それは私が清廉潔白だったからではなく、私が私用車を売却したのがソ連崩壊後で、ルーブルで外貨が自由に買えるようになり、闇市場がなくなったからだ。当然「ルーブル委員会」も解散になりました。

西村　この「ルーブル委員会」を総括する管理者は、総務担当の書記官だったんだよね。

佐藤　管理者は参事官だったが、実際のカネのやりとりと記帳は総務担当書記官がしていた。重大かつ明白な違法行為だと思うから、絶対にやりたくないと言って断った。それでもやれって言われて、困りながらとりあえず返事を保留にしていたら、2、3日経った頃にやっぱりやらなくていいという話になって助かったんだけど。

西村　自然消滅したんだ。

佐藤 いや、私の1年後輩がその役を引き受けることになった。理不尽なことだらけだから、そういうことはままあります。

政治的中立性から外れるような任務もたくさんあったよ。そういう話は「佐藤、おまえ休暇をとって、自主判断でやったことにしろ」と言われたりする。そんなのトカゲの尻尾切りだってすぐにわかるじゃない。断るよ、当然。入ったばかりでよくわからなかった頃、天江喜七郎さん（のちに駐ウクライナ大使）というロシアスクールの大先輩がいて「佐藤ちゃん、筋の悪い話は絶対に受けたらだめよ」って教えてくれた。

西村 若き日の佐藤さんは天江先輩にだいぶ助けられているね。

佐藤 本当に感謝している。持つべきものは、酸いも甘いも嚙み分けた経験に富んだ先輩だよね。

資本主義社会で独立性を保つには

佐藤 もっとも官僚ではなく書き手としては、独立性はかなり高いと思う。たとえばウクライナ戦争が勃発してから2週間ぐらいで、日本の紙媒体での発言を制限することにした。

西村 ウクライナ戦争初期の頃の日本メディアの空気については、両論併記の罠／両論併記糾弾の罠のところで話したね。

佐藤　まず『潮』、『第三文明』と『琉球新報』、『週刊アサヒ芸能』と『週刊大衆』でしか意見を書かないと決めた。『潮』と『第三文明』は、母体である創価学会が早いタイミングで、ロシア非難をせずに即時停戦、生命至上主義でとにかく命を救うことが先決だという方針を出したから。これは私の意見にも非常に近いものだった。『琉球新報』はもともとゼレンスキー政権の武力抵抗路線が嫌いだから。ウクライナは60歳以下の男性の国外退避を認めない。つまり、男は国内に残って戦えという方針で、徴兵も拡大している。これは、沖縄戦における旧日本軍と酷似している。とにかく銃を渡して、火炎瓶を持たせるゼレンスキーのやり方は、太平洋戦争末期に沖縄本島に司令部を置いた日本陸軍の第32軍と同じだと、『琉球新報』は肌感覚で感じ取っている。

西村　侵略されたウクライナに寄り添うのではなく、国内動員が沖縄戦を彷彿とさせるということ?

佐藤　そういうことだ。もちろん、侵攻するロシアを厳しく非難している。だが、負け戦がわかっているところで全住民を巻き込ませて抵抗するゼレンスキーのやり方も是認できないと。だから両方を非難する。非暴力抵抗のほうが最終的にはよい方向に行くのではないか、というスタンス。これも私は同じ考えだ。

西村 『週刊アサヒ芸能』と『週刊大衆』はどうして？

佐藤 その2誌の読者は、長期連載をしている作家への信頼が非常に厚いんだ。戦争の詳しい状況はわからないけれど、ずっと連載している作家先生がそう言っているならそれはきっと正しいんだろう、と肯定的に読んでくれる。組関係の読者も多いんだけどね。あと『月刊Hanada』もできたね。この雑誌を購読する保守派には、ウクライナはアメリカの代理として戦争に駆り出されているだけと考える人が一定の数いるからだ。

西村 ほかのところでは？

佐藤 連載が休眠状態になったところもあるよ。書けるところで書けばいいと割り切った。私としては内閣情報調査室と国家安全保障局が判断を間違えなければそれでいいと思ってる。ただ新聞がいまのままでいいのかとは思うよ。戦時中の新聞と同じような道をたどっていなければいいけどね。

西村 別に媒体だけでなく、当初は世の中の空気が、善悪二元論的シンドロームのなかで、「おまえはどちらの味方なのか？」と迫られるようなところがありましたね。

佐藤 私のところにも新聞記者が何度か取材に来たけど記事にならなかった。ロシアは言語道断だけれど、ウクライナ側にも相当に問題があるということを指摘した。しっかり時間を取って何時間も話して、写真もたくさん撮っていったのに。

西村　そこまで時間をかけても掲載されなかったとすると、上の判断だったかもしれないね。

佐藤　そう思う。別に私はいいんだよ、むしろ楽で。その後に同じ新聞社のほかの記者が取材に来ても「前の取材がまだ記事になっていないけど、その経緯について説明を受けていませんから」って断る理由になる。それに、そういう紙面では私はもう書きません。メディアだって別に、一人の書き手を失うだけだからいいんじゃないの。

西村　いや、そんなことはない。

佐藤　書き手として、自分の書きたい記事を押し通して書くことはできない。新聞社には編集権があるから。ただ、書きたくないものは書かない、不誠実な対応をする新聞社と付き合わないということは可能だから。コメントに関しても、口頭ではコメントしません。字数を言ってくだされば書きます。掲載するか掲載しないかはそちらの自由です。ただし一部だけを抜粋して取り上げることはしないでください。そういう条件で。

西村　佐藤さんだからそれができたところもある。

佐藤　だって私にとって重要なのは自分の読者だから。自分の読者はじゃあ何人いれば食っていけるかと計算すると、有料メルマガを月額1000円で出していて、1000人の登録読者がいれば、月に100万円になる。システムを提供してくれている講談社と折半で50万円になるけれど、年間でみれば600万円そこそこにはなる。あとオンラインサロンのメンバーが月額1万円で約70人。こちらも版元と折半だけど、年間500万弱にはなるでしょ。メルマガとオンラインサロンでの収入を合計すれば年間1000万円くらいにはなるから。それで食べてはいけるから。だから意に反した記事は書かなくてもいいや、と強気になれる。もし生活がきつかったら、必死になって迎合した記事を書いたかもしれない。生きるために必要であれば。

西村 経済的に安定した収入を確保できている、経済的にまさに独立できている、そんなフリーランスなら、そういう形で自分なりの独立性の矜持を保つことはできる。現実問題としてはとても難しいけれど。逆に、佐藤さんが書きにくいテーマは何?

佐藤 新自由主義批判を徹底的にしにくいという弱点が私にはある。なぜなら私が生き残れたのは、新自由主義的なマーケットのおかげだから。新自由主義の社会は人々を疲弊させるという問題はあるけれど、新自由主義の時代になっていなければ、特捜事件で逮捕され、512日間勾留された前科者の私が、作家として表の世界で生きていくなんて考えられなかった。実際に私は塀の中で、スポーツ新聞の求人欄を眺めながらその後の生活の算段を立てていたからね。そこで非正規労働者になるという人生でも自分なりの生き方を見つけることはできたと思う。作家という職業は、その本性からして可能な限り独立的であるべきだと私は考えている。

自己決定権を胸に

佐藤　ジャーナリズムの「独立性」とは少し違うかもしれないけれど、以前、沖縄知事だった翁長雄志《おながたけし》さんが「自己決定権」という言葉を使っていたのはとても印象に残っているな。翁長さんとは、今後沖縄はどういうスローガンでやっていこうかという話をずっとしていたんだ。まず目指すべきところは、独立論とは違うよね、と。日本との関係においてもまだ曖昧だし、沖縄県民も、民族独立だというほどの腹はない。自衛隊に対する違和感はあるけれど、国防は非常に重要だ。そういう感じで行ったり来たりしていて、結局、自己決定権ということかな、というふうに固まっていった。独立も潜在的には可能だけど、それはあえて選択せずに、日本の中にいる。それを決めているのは沖縄自身だというイメージが、いちばん現在の県民の感覚に近いんじゃないか、と。現実的に考えたら、独立は難しいよ。それは本当はわかっている。でも自己決定権を唱えることは可能だって翁長さんが言ったのを、よく覚えてる。

西村　自己決定権。前向きになれる発想ということだね。

佐藤　独立ができない人たちの中の独立だよね。組織の中、官僚の中の独立性も、これに近いかもしれない。ある枠の中において、そこからはみ出たことはできないし、しないけれども、自分の選択可能な範囲では、自らの職業的良心に基づいてやればいいっていう。

西村 自らの職業的良心に基づいて、自分の行動を決定する、と。

佐藤 おおもとのところは崩せないけどね。

西村 どうしても我慢ができなくなったら組織から抜ければいいんだもんな。

中期の発想で予測・分析するべし

西村 前にこんな話をしたよね。メディアは昨日今日のことを考える。官僚は今年度のことを考える。

佐藤 今年度のこと〝しか〟考えないんだけどね。

西村 政治家は次の選挙を考え、企業は短期の業績達成に追われる。逆に学者は、100年先を考える。必要なのは、その間。中期の分析、中期の時間軸で物事を見るっていう話。アメリカにいた私と日本の佐藤さんとでネオコンについてメールや電話で議論をしていたときかな、このことが話題になったのは。

佐藤 ハーバーマスの、アメリカ合衆国とドイツ連邦共和国の新保守主義の意義に関する論考のコピーを送った記憶がある。

西村　そうそう。私がネオコンの取材をしていたというのは、イラクの大量破壊兵器報道のところで触れました。当時、「現在イラク戦争を主導しているネオコンは、源流をたどればトロツキーや亡命ユダヤ人グループまで遡れる。少なくとも冷戦時代の民主党タカ派まで遡らなければ議論はできない。なのに、そういった系譜の分析をメディアはやらない。簡単な歴史年表的な注をつけて終わり。学者とは違うアプローチがあるはずなのに」という話からスタートしたんだよ、たしか。

佐藤　歴史の大きな流れには法則性があるからね。ネオコンの登場は、東西冷戦が終わったあとに一つの普遍主義的な流れに世界が向かっていった、新自由主義的な経済の発展と随伴する現象なんだよね。

西村　で、ジャーナリズムもインテリジェンスも中期の視点が必要だという話になったんだけど、これがなかなか難しい、ということになった。

佐藤　そう、インテリジェンスでの中期の分析がいちばん重要になる。歴史の大きな流れと人的要素の双方が絡み合うから。しかし、日本の官僚は中期分析があまり得意ではない。属人的な要素が大きな意味を持つからね。たとえばこれは鈴木宗男さんから聞いた話なんだけど、初代自民党副総裁を務めた大野伴睦。彼が日韓正常化に猛反対していた根っこの理由は、過去に料亭で韓国人のヤクザに殴られて歯を折られたことがあるからだって。要は根深い私恨があるからなんだと聞いたことがある。そういう個人的な事情は歴史家にはあまり関係がないだろうけど、進行中の交渉や政策の意思決定を考える上では無視できないんだよ。これは短期分析での要因だ。他方、大野伴睦の薫陶を受けた政治家に共通する行動規範ということになると、中期分析の要素になる。党人脈的な政治家が持つ独自の行動様式は中期分析において欠かすことができない。

西村 個人的なエピソードは記者にとって面白い。でもそれだって、たとえば、人物群像、師弟関係、人間関係を中期のタイムスパンで追跡、検証することができるはずだね。

この中期の発想っていうのは、私にとってはとても役に立ちました。

われわれの議論のきっかけとなった、イラク戦争を主導したネオコングループですが、彼らはCIAの情報を全く信用していなかった。そもそも冷戦時代に「CIAはソ連に甘い」という評価を下していたタカ派グループがいて、彼らがCIAを排除して、自分たちで対ソ連政策を組み立てる別のグループをつくった。その連中の流れが、ずっと時を経て国防総省やホワイトハウスの中核に入り、イラク戦争を主導したネオコングループの総帥や幹部となっていくわけです。そして、我が世の春を謳歌していたネオコンがやがて力を失っていくのと入れ替わるように、トランプ旋風が勢いを増していきます。振り返ってこう説明すれば当たり前のことかもしれませんが、事件の渦中にいる人物、その人の歴史と思想的な系譜、それら代々の人物群像に投影されているものの考え方、彼らの衰退、こういったことを中期の時間軸に重ねてみると見えてくるものがあります。「いま、ここ」だけを見ていたら見落とす情報がある。中期の感覚は、インテリジェンスもメディアも、ビジネスの世界でも役に立つんじゃないかと。ただ、佐藤さんはあの頃、日本人はそもそも中期の発想が苦手だという話をしていましたね。

佐藤 そのときは家屋の話をしたんじゃないかな。ヨーロッパの建築は石造りが中心で、何世紀も使われることを前提にしているけれど、日本は木造で数十年で建て直すでしょ。そもそも中長期的な思考が弱いんじゃないかって。

西村 文化による時間軸の違い。

佐藤 いまでもそうだよ。昔、ちやほやされたニュータウンが、すっかり廃れている有様をみれば、日本の歪《いびつ》な感じはよくわかる。しかも、人口動態を見れば、少なくともマンションの国内需要はこの先どんどん落ちていくはずなのに、いまなお郊外にタワマンががんがん建設されているって、ちょっと考えたらおかしいのに。中期分析ができていない証拠だよね。

短期思考が外交を弱体化させた

西村 メディアの場合も、昨日今日のニュースで食っているから「5年前、10年前の話をもとに現在を、そして5年先、10年先を分析、予測するなんて、飯の種にならない」とついなってしまう。最近だとコロナ禍報道。しばらくは日々更新される情報に振り回されるばかりだった。でもいま思うと、スペイン風邪、アジア風邪、香港風邪という20世紀の三大パンデミックの特徴や対策、教訓については、詳しい報告書が過去に出ていた。SARS（重症急性呼吸器症候群）やMERS（中東呼吸器症候群）もあったし、厚労省もさまざまな提言をしていたんだけど、結局、かつて議論した内容はみなすっかり忘れて、新たな脅威としてゼロから同じ議論を繰り返した。さっき、歴史年表の小さな注という話をしたけれど、こうしたことを単なる過去の出来事の小さな注にせずに、今日と未来にどのような意味を持つか、という解釈と提示、メディアとしての「変換作業」が必要だったと思います。日々厚労省にはりついていた現場の記者は物理的に無理だとしても、パンデミック報道を中期の時間軸でとらえる視点を持つ科学記者が取材班に一人でもいたら、もっと厚みがあったんじゃないかと思う。そこは職業的必然だから仕方ないと開き直るのではなく、意識はしておきたいと思います。

佐藤さんが官僚の世界に中期の発想が足りないと気づいたきっかけはあるのかな。

佐藤 モスクワの日本大使館に勤務してわりとすぐだった。第一章でも話したけれど、民族紛争が起きているのに、ロシアの民族問題について大使館の誰もきちんと理解していなかったから。リアルタイムで紛争が起きている地域があるというのに「あっちのほうは血気盛んで怖いねー」ってそんな他人事のようなムードだったんだよ。それだけで紛争になるわけがないでしょう。何か論理はあるんだから、それを知るためにどうしたらいいかと相談して、民族学研究所の門をたたくことになった。あそこはまさに中長期分析をしているところだからね。

西村　私がそこを紹介してもらった話はしましたね。中期と一口に言っても幅があります。さきほどのネオコン取材なら40年くらいの軸が必要だったけど、毎回そんなことはできないかもしれない。メディア人だった私の場合、普通は5年から10年くらいの軸で考えているかな。佐藤さんはどのくらいをイメージしている?

佐藤　もう少し長いかな。5年から15年。

西村　というのは?

佐藤　官僚の世界で考えると、22歳で入省して、10年後だとまだ課長補佐なんだよ。15年後、37歳くらいになると、室長になる人が出てくる。首席事務官（筆頭課長補佐）でも政策意思決定の場に参画できるようになるから。われわれの主なクライアントである政治家の当選回数も関係ある。10年だとせいぜい当選3回だけど、15年なら5回も見える。閣僚の資格を得るのも15年だから。それを過ぎたら、もう少し短いスパンに変わってくるよね。

西村　権力の移行に合わせて視座が変わってくる、と。

佐藤　上に行けばそれだけ見える景色も変わるからね。

西村 メディアの場合、自分の地位とは関係ないかな。仕事がら、昨日今日の短期の視座が強すぎる。だからこそ気をつけないと失敗する。

佐藤 失敗という意味では、私には一つ心残りなことがある。日本外交の弱体化に関与してしまったという。

西村 何？ どういうこと？

佐藤 90年代に始まった一連の行政改革の際、橋本総理から外務省の次の三つのどれかを変えてほしいと言われたんだ。

一つは名称。一つは3分の1を外部大使にする。そしてもう一つが外交官試験の廃止。そのときに上司だった東郷和彦さんが外交官試験の廃止かな、と言った。私もそれに賛成したんだ。専門職の試験は廃止しないと言っていたから。だったら大きく変わらないだろうし大丈夫でしょうと。でもそれが失敗だった。キャリア外交官の試験をほかの国家公務員試験に統合したために、外務省全体の語学力が弱くなってしまったんだよね、著しく。実は翻訳や通訳はノンキャリアの役割なんだけど、まず誤訳がものすごく増えた。それはキャリア官僚の語学力が落ちてしまって、ノンキャリアの誤りを指摘できないから。正しい通訳や翻訳を行う能力と比較すると、他人の誤訳を発見するのはその数分の1の能力でできる。ただ、そのレベルに達していないキャリア外交官が増えたからだ。ロシア語やアラビア語などの特殊語については、もともとキャリア官僚は語学ができないと思っていたし、専門職がいるなら大丈夫だろうと思ったんだ。読みが甘かったな。それでも誤訳くらいチェックできるだろうと。キャリア官僚の能力を過信していた。予想を遥かに下回ることになった。

また、国際法が必修でなくなった。そのため国際法の運用能力も弱くなった。

西村 それはかなり致命的な問題なんじゃないの。

佐藤 そうなんだ。国家公務員の総合職試験には国際法が必修ではないんだよ。専門職試験では必修だけど。その分、かつての外交官試験の国際法は司法試験よりも難しかったんだけどね。

西村 それも中期の発想の欠如ということ?

佐藤 そう。そのときは、別に試験がなくても変わらないと思った。

西村 ほかの二つを選ばなかった理由はあるのかな?

佐藤 外務省の名称変更はまずありえなかった。外から見たら、別に名前なんてどうでもいいと思うかもしれないけど、かなり内実に関わってくるからです。その頃江田憲司さんたちは「外政省」なんて言っていたんだけど、もし外政省になったら、これまでやっていた情報も経済もできなくなる。政治特化で、政治関連の動きしかできなくなる。「経済はこちらでやる」という経産省の思惑が、思いっきり入っている名称変更案だったんだよね。

西村 なるほど、名前が制約になることはあるよね。じゃあ、もう一つの残った候補案を選べばよかったのかな。

佐藤 うん、あのとき変えておくべきは、3分の1を外部大使にする案だった。鈴木宗男さんにも言われたんだよ。「いまだって外務省の3分の1は使えないような変なやつばっかりなのに守るの？」って。その場にいた浦部和好官房長（のちに駐エジプト大使）が「お言葉ですが鈴木先生、使い物にならないのは3分の2です」って。

西村 じゃあ問題ないじゃない（笑）。

佐藤 でもこう続くんだよ。「それでも、外部から取ったらそれよりも酷いのが来る可能性があります」と。それにもし外部大使にしたら、そこで大使になれずにあぶれた奴らの行き先はどうするんだという問題もある。しかも使えない奴らでしょ、それまでだってなんとかごまかして使っていたのに。どこか外務省の外に出すといっても、先方に迷惑がかかるから悪いじゃない。しかも大使になれないというのは、二級の外交官だっていうレッテルを貼るのと同義なわけで。もう、ぷいって膨れっ面になるのが目に見えている。そのご機嫌を取るのも組織内部のコストになってしまうじゃない。だったらまあ、外交官試験なんて影響があるのは未来のことだし、と視野狭窄になっちゃったんだよ。

西村 なるほどなあ。つまり中期的な視野で見れば、組織内部の直後の混乱は免れないものの、将来的な人材の能力を優先すべきだったと。でも目の前の「組織内コスト」はごめんだという短期的な、ある意味人間らしい発想になったということだね（笑）。

佐藤 外務官僚はポストのことになると必死になって頑張る。本当に面倒なんだから。

西村 わかるよ、それは、あらゆる組織で起きているんじゃないかな。

佐藤 だからこそ、気をつけなければいけないよね。

記者と官僚、七つの鉄則

西村 結構出てきたね。まとめると、傑出したインテリジェンスオフィサー、ジャーナリストの共通点は次の七つといえるかな。

1 ユーモアのセンス（多角的な視点）を持つ
2 情報源のキャリアやランクにこだわらない
3 直接会ってオーラを確かめる
4 情報源を甘やかさない・情報源に甘えない
5 検証を怠らない
6 職業的良心と独立性、自己決定権を持つ

7 中期の発想で予測・分析する

佐藤 そうだね。その七つの鉄則を守れたら、そうひどい過ちは犯さず、トラブルに巻き込まれるリスクも減ると思う。

西村 官僚組織もメディア組織も、ぎりぎりの判断を迫られたとき、ここで話した「独立性」や「職業的良心」などの鉄則に基づいて、これが歴史の検証に耐えられるか、と自らに問う姿勢が求められますね。そして、情報源に甘えてはならない、甘やかしてはならないと言ったのですが、メディアにとっては、自分たちの報道が読者と市民にとって信頼できる情報源になっているか、ということを絶えず自問する姿勢が必要だと思います。こうしたことが独立性を担保する要素になるのではないですかね。

もう一つ、佐藤さんと議論してきて、危機の記憶について考えさせられました。私たちは喉元過ぎれば熱さを忘れます。危機の記憶を失います。みんなが佐藤さんのように驚異的な記憶力を持っているわけではないから、人間として当たり前ですよね。

今日取り上げた過去のパンデミックにせよ、最近日本ではＮＨＫ－ＢＳを除けばとんと報道されなくなったアフガニスタン情勢の経緯にせよ、私たちが普段からこうした複雑な歴史を記憶にとどめ続けるのは無理です。だから、メディアは、過去の教訓を、読者や視聴者にいいタイミングで思い出してもらう、リマインドする、そしてそのときに、過去の事実が未来に対して持つ意味を、昨日と今日、明日をつなぐ連続線として提供できればいいなと思います。そのためにも、目の前の滑った、転んだだけではなくて、「中期の視座の分析」や「検証の規律」を含むいくつかの視点をポケットに入れておきたい。おそらく官僚の世界もそうではないでしょうか。

第五章

記者と官僚が見た激動のロシア

閉ざされた国で一瞬開いた自由の窓

西村　ここまで記者と官僚の関係、そして情報との付き合い方を話してきました。この章では、私と佐藤さんが同時代を過ごしたロシアについて、なぜこんにち改めて語る必要があるのか、その意義についても話しておきたいんです。私のほうで少しまとめてみたんですが、いいですか。

佐藤　ぜひお願いします。

西村　ではまず、ごくごく簡単な歴史から。

１９１７年のロシア革命により帝政ロシアが終焉を迎え、内戦後の１９２２年にロシアと、ウクライナなど三つのソビエト共和国との連邦国家―ソビエト社会主義共和国連邦が成立しました。そして、１９９１年8月の保守派クーデターの失敗、12月のロシア、ウクライナ、ベラルーシによるソ連離脱と独立国家共同体（ＣＩＳ）樹立宣言を経て、12月25日、ミハイル・ゴルバチョフソ連大統領が辞任、こうしてソ連が消滅しました。ゴルバチョフに対抗してきたボリス・エリツィン大統領がソ連崩壊後の連邦国家ロシアを統治してきたのですが、99年末に退陣、現在のプーチン政権に至っている、と。この対談はまだ選挙前ですが、本が出る頃にはプーチンは通算5期目に入っていますね。

以前佐藤さんは、ソ連から共産主義を差し引いて、宗教つまりロシア正教を足したものがプーチニズムだと言っていたでしょう。

佐藤 ざっくり言うとね。帝政ロシアからロシア正教を差し引いて、共産主義を加えたものがソ連だった、と認識しています。

西村 佐藤さんは1986年8月から1995年3月までの8年7か月、私は1992年4月から丸5年モスクワで暮らしました。ソ連崩壊を挟んだこの期間、特にエリツィン政権の時代は、帝政ロシア、ソ連共産主義、「帝国」の復活と連綿と続く歴史の中の、極めて短い例外的な時間だったな、という印象をいまでも持っています。自由と機会の窓が一瞬だけ、ぱっと開いたような。記者としても外交官としても、今の記者や大使館員には想像もつかないほど自由に人と接触し、情報を収集できた時代でしたよね。

佐藤 同感です。外交上でも特殊な時期だったと思う。

西村 具体的にいうと、佐藤さんの場合は、西側の国の大使館のノンキャリア若手書記官でありながら、ソ連、ロシアのトップクラスの重鎮政治家の懐に飛び込み、アメリカの対外情報機関CIAさえも驚くような機密情報を何本も入手することができました。

1991年8月に起こったソ連保守派のクーデター未遂の際、安否不明だったゴルバチョフ大統領の生存情報を世界に先駆けて入手したエピソードが特に有名だよね。

もう一つ私の印象に強く残っているのは、1998年8月、エリツィン大統領の病状が急激に悪化して死亡したかもしれないという情報が流れたとき。世界中が大騒ぎになって、当時ワシントンの朝日新聞アメリカ総局にいた私もクレムリンの動向を注視していました。そのときも佐藤さんがエリツィンの生存情報をいち早く入手して、日本が最初に情報を公開できた。

佐藤　前に話したように、あれは鈴木宗男さんに確認をとらされたんだよね。早朝に。

西村　つまり、ゴルバチョフとエリツィンという二人の大統領の、もし本当だったら歴史を揺るがしたに違いない「死亡説」にみなが動揺しているなか、世界に先駆けて真実を伝えたのが佐藤公電だったわけです。

私のケースで言うと、地元ロシアのメディアに先んじて、冷戦時代の地図には載っていないシベリアなどの核閉鎖都市の数々を訪ねたり、中央アジア、ロシア、ベラルーシの戦略核ミサイル基地や極北の原子力潜水艦基地の内部に入り込んだり、核物質密輸の犯罪集団を追跡したりという、いまだったら確実にスパイ罪で捕まるような危ない取材をすることができました。あの頃は日本の記者がかなり多くのスクープを取っていて、私とは入れ違いだったけれど、産経新聞の斎藤勉さんはソ連共産党の綱領改正の取材でボーン・上田記念国際記者賞を受賞しています。ちなみに斎藤記者も、佐藤さんの1000分の3の名刺のうちの一人でしたね。

佐藤　2002年に吹き荒れた鈴木宗男バッシングの嵐を考えると、1000分の3ってかなり歩留まりが良かったと思うよ。

西村　佐藤さんと斎藤さんとは、北方領土問題ではかなり意見が対立していたのに面白いことだよね。

佐藤　そうだね。当時は、私的な感情を抜きにしても、世界中のジャーナリストが取れなかった情報を、日本の記者たちが結構取っていたと評価できる時期だった。

西村　それが可能な時代だったんだよね。それにロシア人記者だって、あの頃のモスクワには調査報道を専門とする記者グループがたくさん誕生しましたし、マフィア取材なんかでは私は彼らと協力していました。のちにノーベル平和賞を受賞したドミトリー・ムラトフ氏が、ゴルバチョフ元大統領の支援を受けて、人権擁護と権力監視を目的としたリベラル系の独立系新聞『ノーバヤ・ガゼータ』を創刊したのが、ちょうどわれわれがロシアで勤務していた1993年。ムラトフは残念ながら2023年に「外国政府のエージェント」、つまりスパイと指定されて『ノーバヤ・ガゼータ』も停止となってしまったけれども。当時はそういった自由なムードが背景にあったともいえるでしょう。

佐藤　ソ連、ロシアはずっと閉ざされた国ではあるんだけれど、１９８５年3月にゴルバチョフがソ連共産党書記長になって風向きが変わった。「グラスノスチ（情報公開）」、「ウスカレーニエ（社会・経済発展の加速化）」という方針を打ち出し、そして１９８８年に「ペレストロイカ（変革）」が加わって本格的に動き出して、以降、プーチン大統領が２０２２年にウクライナ戦争を始めるまでの37年間は、例外的に外部世界に対して窓が開いていたんだよ。それ以外は、基本、閉ざされた社会です、ずっと。

西村　ではエリツィン時代がソ連、ロシアの歴史の中で全く断絶した時代かというと、そうでもないと私は思っています。ソ連崩壊直後のエリツィン時代には、それはそれは大きな政治的大混乱がありました。政治も経済も、社会全体がものすごいカオスに陥った。同時に、価格自由化のもたらした破壊的なハイパーインフレーションがあったわけです。私が留学していた92年、これはソ連崩壊の翌年ですが、このときの小売価格の上昇が２５００パーセント。そんな中に、一夜にして巨万の富を築く20代、30代、40代のオリガルヒ（大富豪の新興財閥）がぼこぼこ現れ、さらにマフィアが絶大な力を持って跳梁跋扈《ちょうりょうばっこ》するようになる。弱肉強食の社会の中で、圧倒的多数のロシア国民は自分の貧しさ、力のなさ、治安の乱れに自分たちがいかに無防備かを痛感していました。その不満、屈辱感、秩序への郷愁や願望、「強い腕」を持つ指導者の待望論が、こんにちのプーチン体制の温床になったという側面があると思うんだ。

佐藤　エリツィンの中にも両面性があったからね。民主改革的な要素と、ロシア大国主義的な要素と。

西村　そうだよね。プーチンは「在外同胞」「ロシア人の権利」をうたって憲法改正したけれど、旧ソ連のウクライナや中央アジア諸国などの「近い外国」という言い方、これはいまの「勢力圏」につながる考え方なんだけど、この概念とともに「在外同胞の擁護」を打ち出したのはエリツィン政権でした。当時われわれがずっとウォッチしていたエリツィン憲法も、非常に強力で専制的な大統領統治の枠組みを骨格としていた。１９９３年、われわれがまさに銃撃戦に身を晒したモスクワ内戦でも、エリツィンは歯向かってきた議会を武力でたたきつぶしたからね。

佐藤　「段階的憲法改革に関する大統領令１４００号」ね。

西村　当時は、かすかな一瞬の機会を捉えて開いた自由の窓にとにかく飛び込むことしか頭になくて、あまり見えていなかったんだけど。そういう、自由のイメージとは違ったもう一つのエリツィンの顔も、振り返ると輪郭がはっきり見えてくるよね。そして、エリツィン時代のあの自由とカオスの時代が、現在のプーチン体制をもたらしたのは必然でもあったといえますね。

佐藤　プーチンのようなキャリアを持つ男はたくさんいたんです、当時。プーチンはＫＧＢに16年在籍して、中佐どまりで退役した。そこまで目立った功績があったわけでもない。だから裏を返せば、誰でもプーチンになり得た。今回のウクライナ戦争にしても、プーチンではなくても、同じ環境に置かれた人間なら同じようなことをしたと思う。いまになって振り返ると、1991年8月に新連邦条約の締結阻止を掲げてクーデター未遂を起こした、ヤナーエフ副大統領ら国家非常事態委員会の綱領と、2022年以降、プーチンが議会に報告する大統領年次教書の基本概念は一緒なんです。マルクス・レーニン主義とは異質なロシア大国主義なのです。もし1991年のクーデターが成功してクーデター派が実権を握っていたら、30年分、歴史がショートカットされていたかもしれない。

西村　クーデター派はいわばユーラシア主義的な地政学を信奉するグループでした。エリツィンはクーデター派を糾弾したけれど、エリツィンから元首の座を継承したプーチンがそこに戻っているという流れは面白いよね。

佐藤　プーチンはハイブリッド性があるんですよね。私が検察にパクられる6か月前、元国務長官でありエリツィンの最側近だったブルブリス氏から忠告を受けたんです。「プーチンの内的世界が変化していることに注意しろ」と。当初は、プーチンは権力をエリツィンから譲られたと思っていた。けれど次第に、自分は全国民から選ばれた大統領なのだという意識に変わっていった。KGBの中堅だった時代には、大統領はもとより自分が国政の中心にくるとすら考えていなかったはずだ。そんな自分が選ばれたということは、神に特別な使命を与えられたのだと。しかもプーチンがよく相談しているロシア正教会のアントニー神父はカルヴァン主義的で、予定説的な考え方をしている。つまり、プーチンは現在、神がかりになっている、と。

西村 プーチンは子どもの頃にロシア正教の洗礼を受けているんですよね。もともと資質としてあったものが呼び起こされたという面もあるかもしれない。エリツィンに二面性があったように、プーチンにもまた別の二面性がある。そこは注視しておかないといけないよね。

佐藤 西欧主義とユーラシア主義、両面の要素がある。ロシアの国章がビザンツから継承した双頭の鷲だっていうのと一緒で、東と西を同時に見ているわけだよね。ただ、東と西、同時に見ているんだけど、見てる視界の幅っていうのがトップによって毎回変わっている。

西村 エリツィンやプーチンといった指導者だけでなくて、ロシア国民の中にも二面性があったよね。ロシア人の知識人と仲良くなって、家に呼ばれてウォトカを飲みながら話していると、日頃から言論の自由、政治活動の自由をたたえている彼らが、強い独裁者を心から待ち望んでいる、みたいな本音を露骨にしゃべるんです。ロシア語に「強い腕」「強い手」という言葉があるでしょう? 独裁にも近い統率力、支配力、権威を持つ指導者を潜在的に待ち望む感覚ですかね。一流大学の博士号を持ち、西側のリベラリズムを信奉していた女性がいたんだけど、あるとき私に「いつか、どこかで、ピョートル大帝のような強い指導者が現れてロシアを治め、私たちを助けてくれる日が来る。その日を待ち望んでいる」とポロリと漏らしたことをよく覚えています。リベラリズムの支持と、独裁にも似た強権支配で落ちぶれたロシアを救ってほしいと願うメシア待望論が共存しているんだなと思った。

そんな観点も、当時のロシアを語り直すことがいまのロシアを語ることにもなるだろうと思うんですよね。

情報収集は目的に合わせた装備で臨む

西村　当時は自由だったと同時に、その裏表だけど、お互い、危険な目にも結構遭いましたよね。私の場合は、迫撃砲の攻撃を受けて、40度の熱暑に焼けた赤茶けた土の上を転げまわったタジキスタン内戦取材があったけれど、それ以外でも、モスクワのど真ん中で白昼暴漢に襲われたこともあったしね。それから佐藤さんと一緒だったときによく覚えているのが、第一次チェチェン戦争の取材をしていたとき。佐藤さんに情報交換を申し出て、深夜0時すぎのスーパーマーケットの駐車場で待ち合わせをして、立ち話をしていたんです。すると目の前に、4人の男が乗っている車が音もなく停まって、そのままずっと駐車している。目を凝らすと、彼らはじっと前を見て、ただ黙って車内に座っている。

佐藤　小さいジグリ（ロシアの大衆車）に、でかいロシア人が詰まっていたよね。

西村 あの光景は忘れられない。その気になったら、その場で簡単にわれわれを消すことも可能だなと思ったことも覚えています。

佐藤 よくある話だけどね。

西村 佐藤さんはあの頃、なんでそんなに尾行されていたの？ クレムリンのロシア政府からチェチェン政策について情報を取っていただけなら、そうはならないよね？

佐藤 クレムリンと同時に、当時チェチェン共和国の大統領だったジョハル・ドゥダエフの甥っ子とも付き合っていたんだよ。それでロシアの連邦保安庁（FSB）から警告を受けていた。

西村 ああ、なるほど。初めて聞いた。そりゃ危ない。

佐藤 その甥っ子は命の危機を感じてその後ベルギーに亡命しちゃった。

西村 だろうね。それと危なかったといえば、もう一つ、モスクワ内乱事件があった。エリツィン大統領側と最高会議（ホワイトハウス）の対立が頂点に達して、エリツィンが、反エリツィン派の籠城していたホワイトハウスに戦車で大砲をぶち込んで攻撃し、モスクワが内戦状態になった1993年の事件。あのときもお互い危険な目に遭いながら、私は取材、佐藤さんは裏情報をとっていましたね。

私は、反大統領派の武装集団が攻撃していた国営テレビセンターに取材にいったら、政府軍と反政府軍の銃撃戦に挟まれてしまって、全く身動きがとれないまま、地面にじっとはいつくばっていたんですが、頭のすぐ上を銃弾が飛び交っていました。佐藤さんも銃声を聞きながら仕事をしていたと思うけど、あのときはたしか、ホワイトハウスに籠城していたルスラン・ハズブラートフ（当時、最高会議議長）、アレクサンドル・ルツコイ（当時、副大統領）の二人に近かったポローシンという人物とひそかに接触していましたよね。

佐藤　ポローシンはモスクワ国立大学で社会学（マックス・ヴェーバー）を学んだけれど、卒業後、モスクワ神学大学に進学して神父になったという異色の経歴の人です。1970年代のことだったので、大きなスキャンダルになった。信教の自由法作成で、私はポローシンをだいぶ手伝いました。

西村　当たっていたらここにはいないよ。

何はともあれ、お互い、あの弾に当たらなくて本当によかったね。

佐藤　運がよかった。

西村　尾行車のジグリといえば、佐藤さんも大衆車のジグリに乗って記者顔負けの夜討ち朝駆けをしていたでしょう。あれも最初は驚いたんです。当時の大使館の外務官僚が乗っていた車といえば、普通は日本車か、ドイツ車、アメリカ車だったから。

佐藤　それは目立ちたくないというのもあるし、もう一つは、自動車大国日本の外交官が、あえてロシア車に乗っているっていうこと自体が彼らのプライドを満足させるから、その効果を狙ったというのもあります。

西村　なるほど、たしかにね。

佐藤　ただしロシア車にしか乗ってないと「こいつ、金ないんじゃないか?」と思われる。それはそれで舐められたらよくないから、新興財閥の連中なんかに会うときには、大使館に運転手付きのレクサスを出してもらっていましたよ。目的と場所によって使い分けていた。西村さんと会うときは情報交換だから、できるだけ目立たないように自分でジグリを運転していましたね。

西村　最初にバスの中で会ったとき、長靴を履いていたのも同じ理由?

佐藤　それは第一章で紹介したサーシャ（アレクサンドル・ユリエヴィッチ・カザコフ氏）からのアドバイス。最初の頃はちゃんと外国製のブーツを履いていたんですよ。でもサーシャに「外国人は靴で目立つ」って言われてから、そのあたりで売っている長靴のようなロシア製のブーツを愛用するようになった。

西村　そういえば私も眼鏡を変えたっけ。モスクワに来てすぐの頃に暴漢に襲われたことがあって、ロシア人の友だちに「同じアジア人でも日本の眼鏡は高そうなのですぐわかる。だから狙われる」と忠告されました。いまは違うけどね。それからは、街を歩くときは、ちょっと古くさいデザインの眼鏡をあえて使うようにしていましたね。

マフィアと付き合う極意

西村　当時のロシアにおいてマフィアの存在というのは、単なる犯罪集団ではなくて、政治と経済、ときには権力そのものでしたよね。われわれメディアとしても、大使館員にとっても、無視できない相手でした。その話も押さえておきたいな。

佐藤　なぜそこまでマフィアが権力を持ったかというと、自由経済になり、金でモノが手に入るようになったから。ソ連時代にさかのぼりますが、当時ルーブルで手に入るものは非常に限られていました。その中で外貨も怖がらずに扱うマフィアは、海外からいろんなものを手に入れられるわけです。共産主義から資本主義に転換するなか、国民が欲望に目覚めていくなかで、欲しいものは全部マフィア経由でなければ手に入らなかったともいえる。

西村　マフィアはソ連時代からいたのですが、ロシアの市場経済化で一気に増殖し、ソ連崩壊後はロシア国内に5000組以上の組織がありました。しかも、マフィアと言っても日本のわれわれがイメージするのと少し違うところがあったよね。ロシア版ゴッドファーザーたちは大西洋をまたにかけて米ロ両国で違法活動に手を染めていた。

佐藤　かと思うと、子どもにものすごく優しかったりするんだよね。ふだん抗争で殺し合いをしているのに、子どもが行列に並んでいると「先に入れてやれよ」なんて声をかけたりして。どこかで「世界でも珍しいマフィアだ」って書かれていたよね。『新・ロシア人』だったかな。

西村 ヘドリック・スミスの名著だね。ニューヨーク・タイムズ時代に「ペンタゴン・ペーパーズ」の取材やロシア取材でピュリッツァー賞を受賞した記者でした。

佐藤 みんな写真に写りたがるし、メディアにも出たがる。そういうのをロシアのマフィアは大好き。だから暴力組織ではあるんだけど、社会主義と資本主義が未分化なところから市場経済に適合していく状況のなか、闇経済の秩序を守るという側面も担っていた。

西村 そもそものマフィアの成り立ちは日本の暴力団組織とも近いんだよね。車の転売、売春、カジノ賭博、麻薬やキャビアの密売。そういうところからスタートした。

佐藤 あと白タク（タクシー営業に必要な許可を受けずに自家用車で送迎などの営業をしている違法タクシー）ね。白タクや管理売春は違法ではあるんだけど、外国人にとってはマフィアがシマを張っているところは極めて安全でした。なぜかというと、外国人相手に事件を起こすと客が来なくなる、つまり外貨が入ってこなくなるから、むしろチンピラから外国人を守ってくれるんです。それは当局から期待されている役割でもありました。かつては日本でも、警察権力と暴力団組織は密接につながっていて、いわば持ちつ持たれつの関係を築いていた。１９５９年には当時山口組組長だった田岡一雄さんが神戸水上消防署の一日署長を務めたこともあったくらいで。そういうイメージに近いところはあったね。本当に第二警察的な機能だった。

西村　つまり私を襲ってきたようなのはチンピラだったんだよね。

佐藤　そうだったと思う。ロシアのマフィアが一般の外国人を襲うなんて聞いたことがない。マフィアは、外貨を持っている、つまり金の卵を生む外国人をすごく大切にする。私も世話になったもの。例のクーデター未遂の際、元ソ連共産党中央委員で元ロシア共産党第二書記だったアレクセイ・イリインさんから情報を得た時ね、町中大混乱で道も大混雑していた。自分の車で行ったら暴動に巻き込まれるおそれがあったから、マフィアの牛耳る白タクのにいちゃんに「急いで大使館に行きたいんだけど」と言ったら「だんな、わかりました」とにっこり笑って、トランクから青い非常灯を取り出してぽんと車体の上につけて、ウォ〜とサイレン鳴らして走り出した。

西村　覆面パトカーに偽装したんだよね（笑）。

佐藤　そう。「こんな非常灯なんてどこで手に入れたんだ」って聞いたら、「闇市で手に入りますよ、一つ分けてあげましょうか」って。もちろん断ったけど（笑）。しかもちゃんとマイクも持っていて「はい、そこの車、どいてください」なんてもっともらしく言うもんだから、みんな避《よ》けてくれるの。

西村　慣れている（笑）。

佐藤 おかげで10分ほどで大使館について、すぐに公電を打てた。普通に車を出していたら2時間半くらい遅れたと思う。そのときに払ったのは、日本円の感覚で1000円ちょっとだったのに、そこまで親切な対応をしてくれるんだよ、外国人には。降りたときも「だんな、困ったらいつでも声かけてくださいね」って。最後まで親切だった。

西村 そういうエピソードを聞くと和むけど、やっぱりマフィアはマフィアで、そんな人情話ばかりではないよね。あの頃ロシア銀行協会会長に取材したんだけど「モスクワとエカテリンブルク（エリツィンの出身地）で、マフィアの恐喝に応じなかった銀行幹部が10人以上暗殺された」と聞いたことがあります。実際に当時、銀行や保険会社、貿易会社の幹部が暗殺、誘拐される事件が次々と起きていたよね。

佐藤 ジェラブリョフって覚えてる？　モスクワ建築銀行の頭取だった。

西村 佐藤さんの友だちだったよね。

佐藤 そう。彼も自宅の前で、マシンガンで蜂の巣にされちゃった。

西村 彼はモスクワの不動産物件処理に絡んでいたね。エリツィンに近い改革派系金融資本家の一人。

佐藤 ブルブリスとも近かったので、恨みを買いやすかった。いかにも消されそうな立ち位置だった。

西村　そういった血なまぐさい話も日常茶飯事で。当時は不動産マフィアがアパートをまるごと乗っ取るという犯罪が頻発していたんです。住宅が私有化されたから、それまでアパートに住んでいた住民を脅したり騙したり、それでもいうことを聞かなければ最終的には殺して、無人になったアパートを丸ごと手に入れるというのが、マフィアによって横行していた不動産犯罪でした。実際に不動産マフィアの何人かに取材したけれど、彼らは一人暮らしでアル中気味の元住人のことを「アライグマ」って呼んでいた。「俺たちのやっているのは、アライグマを追い出したり殺したりして、空いたアパートをきれいに改装して売るビジネスだよ」と、なにも悪びれることなく話していました。これも、市場経済や民営化に移行するカオスな状況を象徴するような犯罪でした。

佐藤　ただマフィア側もなんでもかんでも殺すわけじゃない。あくまでもビジネスという建前だからそんなにめちゃくちゃなことはしません。交渉の早い段階で手を打って、マフィアの提示する適正価格をのんで、その金を持って郊外にでも引っ越せば命までは奪われないんだ。

西村　適正価格っていまの日本でいうとどのくらいだろう。

佐藤　都内一等地の古いマンションの2ＬＤＫで2億円くらいかな？　そんなに無茶な提示価格じゃないよね。でも「いや、ここは5億くらいにはなるはずだ。2億では退けない」と居座って値段を釣り上げようとすると、なんだこいつうるさいな、めんどくさいから殺しちゃおうってなる。

西村 30年間住んでいたアパートから追い出されて、ホームレスに転落した男性を取材していたとき、突然彼が椅子から崩れ落ちるように倒れ込んで、慌てて救急車を呼んで病院に運んだことがあったんです。左半身が麻痺した状態になって、ろれつが回らなくなって……相当衰弱していたんだろうな。命までは奪われなかったとしても。

佐藤 その彼もおそらく、西村さんには話さなかっただろうけど、きっと欲をかいていると思う。マフィアはそれなりの利益は提示すると思うんだ。暴力だけで追い出すと恨みの集積になるからね。これは宮崎学さんの『地上げ屋』っていう本にも書かれているから世界共通だと思うけど。

西村 まあ恨みは買わないにこしたことはないけど。でなきゃ殺すっていうのはやっぱり極端だし恐ろしい。

佐藤 ロシアにおいて「恨みを買わないようにする」ことは、日本人が考えるよりもずっと重要な意味を持つことでもあるじゃない。あるとき、ヨッシャ・ケドミー（ヤコブ・カザコフ）っていう、イスラエルの秘密組織「ナティーブ（ヘブライ語で「道」を意味する）」の長官に言われたんだ。「サトウ、あまり恨みは買わないようにしろよ。ロシアでは殺し屋は簡単に雇えるから」。難易度と相手のタイプによって変わるけど、相場が最低価格で３００ドル。高くても2万ドル。しかも確実に迷宮入り。なぜなら、警察官の給与が月たかだか50ドルだからな、と。

西村　なるほど。おっかない（笑）。

佐藤　そんな話をするのがイスラエルの閣僚なんだから、生命に対する価値観が現代日本とはだいぶ違うよね。

実権を握るスポーツマフィア

佐藤　タルピシェフの次官だったフョードロフもかわいそうでした。モスクワ大学の女子学生とデートしているときに腹に一発撃ち込まれて、それでも言うことを聞かなくて結局蜂の巣になって死んじゃったんだ。

西村　シャミル・タルピシェフはいわゆるスポーツマフィアですね。エリツィン政権でスポーツ観光大臣と同時に、スポーツ担当大統領顧問になった。もとはエリツィンのテニスコーチで、エリツィンが不遇の時代にずっと付き合ってくれた友人でもある。

佐藤　エリツィンはゴルバチョフ政権下の1987年に保守派のリガチョフと対立してモスクワ市の党第一書記を解任、翌88年2月には政治局員候補からも解任された。その夏にラトビアで過ごすんだけど、干された状態だから誰もテニスの相手をしてくれない。そこでウィンブルドンのナショナルチームのコーチ（のちロシアテニス連盟会長）をしていたタルピシェフだけが一緒にプレーしてくれたの。それでエリツィンが「モスクワに帰っても一緒にテニスをしてくれるか」って聞いたら、もちろん、と。「自分はウィンブルドンで勝つためのコーチングをする職人だから、政治のあれこれは関係ない」と答えたんだね。それでエリツィンは嬉しくなって、「俺が権力を取ったら、おまえを絶対に登用するから」って約束したんだ。そして実際に政権をとって、タルピシェフはスポーツ観光大臣とスポーツ担当大統領顧問を兼務することになった。閣僚であり、大統領高官である唯一の人となったんだよね。

実はアントニオ猪木さんと一緒にタルピシェフの部屋を訪問したことがあるんだけど、彼の部屋はエリツィンの部屋の隣で、しかも扉でつながっていたんですよ。首席補佐官よりも近い。

西村　部屋の位置は権力を表す。ワシントンのホワイトハウスがまさにそうでした。つまり彼はそのとき実質ナンバー2だったわけですね。

佐藤　でもスポーツ観光国家委員会（省に相当）といっても金がない。そこで酒とタバコの無税での輸入権を与えた。それから魚と天然ガス、石油を輸出するライセンスを与えて、独立採算で勝手にやっていいよ、と。そんな特権を持っているのはほかにはロシア正教会くらい。そりゃ腐敗、汚職が起きるし、マフィアの温床にもなりますよね。

西村　そこからスポーツマフィアが生まれた。

佐藤　もともとソ連時代には、保育園、幼稚園で目立つほど身体的能力のすぐれた子どもは特別に仕分けて、小学校からはスポーツ専門の学校に進学させるというシステムがあった。オリンピックで金メダルを獲らせるためにね。腕っぷしの強い子だったらレスリングやボクシング選手にしようと、筋肉増強剤やら能力を高めるクスリやらを飲ませていく。

西村　ロシアらしい話だね。

佐藤　むちゃくちゃやるから身体を壊す子どももちろん多くて、モスクワ大学の友人としてさっき名前を挙げたサーシャの兄貴はそれで身体を壊してしまったのだけれど。適性があれば、オリンピック選手になる。オリンピック選手になれなかったとしても、各地にあったスポーツジムや、企業付属のスポーツ施設に就職できた。ところがソ連時代の終わり頃にそういった公共施設がどんどん潰れてしまって、ステート・アマチュア（国家から報酬・物質的援助・身分保障をされ、競技に専念できる環境を整えられたスポーツ選手）として保障がなくなって、結果行き場を失った彼らは、ナイトクラブやレストラン、あるいはいわゆる夜の飲食店などの用心棒になっていったんだ。これがスポーツマフィアの起源だよね。

西村　スポーツ学校の卒業生という先輩後輩のネットワークがあるわけだし、腕力もある。それはそうなるよね。

佐藤 しかも用心棒として地場のボスと結びついちゃっているから、政府としてはかなり脅威だよね。そこで一元的に再編するためにおいたのがスポーツ観光国家委員会。文科省のようなものです。タルピシェフはそこの初代大臣だった、と。

プーチン政権になると、さらにプーチンの柔道の先生や柔道仲間が入ってきて、いわば裏社会を仕切るようになった。このスポーツネットワークもさっき言ったように、マフィア的な暴力装置ではあるんだけど、裏社会の秩序を維持するという役割も持っている。しかも現在の元締めはプーチンだからね。

西村 そのプーチンの柔道の先生の一人がメンバーだったと言われていたマフィアの親分が、イワニコフというロシア版ゴッドファーザー。ワシントンに異動した後も国際犯罪組織の件でＦＢＩの取材をすると彼の名前がよく出てきた。佐藤さん、覚えてる？ 彼のあだ名がロシア語で「ヤポンチク」、あえて訳すと、ちびのジャップというようなニュアンスですかね。背が低くて顔立ちが日本人に似ている印象を与えたので、そう呼ばれていた。

佐藤 いたね。たしかモスクワで射殺されたんじゃない？

マフィアの懐への入り方

西村　そうです。さて、佐藤さんはそんなスポーツマフィアの頭目ともいえるタルピシェフと非常に親しい付き合いをしていたんですよね。これは情報収集をする上での相手の懐への入り方という意味で記者にとっても参考になると思うから、改めて聞いていいかな。きっかけはドッグフードだったっけ?。

佐藤　ドッグフードの前にアントニオ猪木さんのエピソードがありますね。当時タルピシェフには誰も会えなかったんです。大使館から私の上司である東郷和彦さんなども表敬訪問を打診していたんだけど、返事も来ないありさま。ところがアントニオ猪木さんと会談しませんか、と打診したら、15分後に電話がかかってきてぜひ会いたい、と。ソ連ではプロレスは禁止されていたんだけど、みんな大好きで、特に猪木・アリ戦の16ミリの記録映画が闇で流布していたから、ソ連共産党中央委員会やKGB、ソ連軍などの幹部はみんな観ていたんだよね。

西村　そもそも佐藤さんが猪木さんとつながりがあるのも面白いよね。

佐藤　アントニオ猪木こと猪木寛至《かんじ》さんは、稀代の名レスラーであり、史上初のレスラー出身国会議員でもあったから。それにソ連崩壊の少し前から、スカウト目的もあってよくロシアに訪問があったんだ。ちょうど国営スポーツ・システムが崩壊し始めていた頃だったから、柔道、グレコローマンレスリング、アマチュアボクシングから優秀な選手をプロレスに引き抜こう、と。そこで柔道からプロレスに転向したのが、1972年のミュンヘンオリンピックで金メダルを取ったジョージア人のショータ・チョチョシビリだった。私は三等書記官として猪木氏とチョチョシビリの通訳をつとめることになったんだよね。そのあと流れで三人で飲みに行くことになって、1時間足らずでウォトカ瓶を3本も空にした。それが最初で。実はチョチョシビリは政治家の友人が多くて、私がイリインやヤナーエフを始めソ連権力の中心であった共産党中央委員会の幹部と交流するようになったのも、チョチョシビリのおかげだったんだけど。

西村　そこから猪木さんとの交流も続いていたんですね。

佐藤　そうです。ただタルピシェフとの会見に関しては、猪木さんは最初、ジリノフスキーに会いたいって言ってたんだ。

西村　極右政党のロシア自由民主党の党首だったウラジーミル・ジリノフスキーですね。旧KGB本部に近い古いビルの4階にあった自民党本部で彼にインタビューしたことがありました。93年の下院選で彼の党が大躍進したときだったかな。「新たなヒロシマ、ナガサキも辞さない。原爆使用をためらうことはないだろう」なんてとんでもない暴言をはいたことで世界でも話題を呼んでいた。この発言についてただしたら、「日本が最も恐ろしい武器の実験場とされたことは非常に遺憾に思っている。原爆使用が繰り返されてはならない」と撤回したけどね。

佐藤　そうだった。西村さんの会見で撤回するまでは、彼の「原爆発言」は世界で広く報道されていたね。そのジリノフスキーが、日本の政治家である猪木さんに会うわけはないし、こっちとしてもあまり会ってほしくない。でも猪木さん、当時光文社から出版されたジリノフスキーの『ロシアからの警告――大帝国復活のシナリオ』という本に感銘を受けたらしく、たくさんラインマーカーを引いて、ボールペンで質問したいこととかいろいろ書き込んでいるんだよ。

西村　当時は国内外に猪木さんのような「ジリノフスキーファン」は多かったよ。今も覚えているのは、モスクワに近い核閉鎖都市の一つで、兵器級の核物質を扱っている研究所がある町を回ったときのこと。高速増殖炉や原潜原子炉などを扱っている科学者、技術者、その家族たちが、ジリノフスキーのことを「強い光を放つ政治家」なんてとてもほめちぎっていたんだ。ジリノフスキーも自民党も、その後は傀儡政治家、傀儡政党になったけど、あの頃はいまのトランプ人気に近いものがあったような気がする。

佐藤　なるほどね。猪木さんも本当に彼に会いたがっていたんだ。そんなに熱心なのに「会えません」の一点張りでは不誠実だなと思っていたところで、代わりに、と言ったら変だけど、タルピシェフならどうだろうと考えたんですよね。

西村　それも面白いめぐり合わせだよね。

佐藤　実際に会見の日はまず、赤の広場でバスケットボールの親善試合を観戦する予定だった。でも大雨の予報だったんだよね。空には重たい雲が垂れこめていて、いまにも降り出しそうというそのとき、タルピシェフが戦略防衛軍に電話を入れた。「雲を散らしてくれ」と。

西村　ロシアは科学技術で天候を変えることができるから。

佐藤　その日も雨雲を吸い取るヨウ化銀をモスクワ周囲の空に打って、1時間ほどできれいに晴れた。猪木さんもその様子に感激してえらく喜んでいたね。その夜、スポーツ担当観光国家委員会が主催するプレジデントホテルでのパーティに招かれたんだけど、そこにはレースクイーンのような女性がたくさん来ていて、いろんなロシアマフィアの親分が集まっていた。そこでマフィアの親分たちとも親しくなって、こんな話を聞いたんだ。「タルピシェフは獰猛な犬を飼っている。良質なドッグフードを欲しがっている」って。それで後日、ドッグフードを持っていったら、タルピシェフの妹と意気投合して、妹のファミリーと家族ぐるみで付き合うようになったと、こういう経緯。

西村　その話を当時聞いて、なるほど外交官も記者も相手に食い込むときは似たような手法を使うんだなって思いました。

佐藤　猪木さんがいなかったらそういう接触はできなかったけれどね。

記者も官僚も、基本は犯罪者とは付き合わない。それは今も昔も大前提なんだけど、当時は表も裏も全部一緒になっているようなところがあったよね。たとえていうなら、名刺の表に『中央公論』編集長」と「〇〇組若頭」という肩書が堂々と併記されていた。表のビジネスをしているけれど、裏の顔も隠さない。だからわれわれとしては、あくまでも表のビジネスの付き合いですよ、という態ではいたけれど。

西村　それがまさに、犯罪組織を取材しなければならなかったもう一つの事情でしたね。というのも、まさに、犯罪者がいつの間にか財界の大物になったかと思えば、ある日突然、政治家が犯罪者に転落するということが全然珍しくなかった。あるいはKGB、旧KGBの高官や関係者がマフィアと極めて親密な同盟関係を結ぶとか。政治と犯罪、ビジネスと犯罪、犯罪者と政治家、さらには政治家と新興財閥（オリガルヒ）と犯罪組織の境界が、気がついたらほぼなくなっていた、そんな時代でもあったから。

いまでも、「ロシアはマフィア国家なのか」といった問いが、欧米の司法当局やメディアで頻繁に提起されています。当時、マフィアについて取材し、いまそれについて語るのは、単にソ連崩壊直後に無法地帯と化したロシアで、さまざまな民族マフィア、地域マフィアの組織がうごめいていたということだけでなくて、「国家と暴力」「権力の所在」というテーマについて考える重要な素材にもなっていたからです。

佐藤　権力の実態を追いかけていくと、やっぱりヤバいところにも入っていかざるをえなかった。それが整理されるのはプーチン政権になって、5年くらい経ってからでした。

究極のインサイダー、オリガルヒの誕生

西村 新興財閥、オリガルヒの話もしておかないとね。佐藤さんは資本論の解説もしていますが、オリガルヒの誕生というのはまさに、「資本の本源的蓄積の段階」といえますかね？

佐藤 資本家の最初の原資は暴力によってつくられる。マルクスのいう本源的蓄積っていうのは、こういう話ですよね。

西村 国有財産だったものを力でぶん取る、あるいは究極のインサイダー取引で資産を蓄える、そういったことが白昼堂々行われていました。それまで共産主義で、資本主義というものを全く経験していなかったロシアだったがゆえに、非常にわかりやすいかたちで表れたんでしょうね。

モスクワからワシントンに移った直後、ロシアビジネスをしているアメリカの実業家と会うと、「ワイルドウエスト・キャピタリズム」という言葉をよく聞きました。西部劇の無法地帯のような資本主義だ、と。それともう一つ、あの国（ロシア）には「クルィシャ」が必要だから、ともよく聞きました。

佐藤　「クルィシャ」はロシア語で屋根だね。庇護のような意味を持つ。
西村　その屋根をかけるのは誰ですか、と尋ねると、マフィアと一緒になったオリガルヒだと、そう言っていましたね。
佐藤　オリガルヒあるいは政治家が屋根をかけなければならないというのはよくわかります。屋根にもいろいろな大きさがあるけれど。当時は私にもおかしな話がよく来たよ。たとえば、日本メーカーの古くなった化粧品を安く仕入れて定価の5割増しで売るとか、使用期限が迫って廃棄処分予定のコンドームをさばくとか。もちろん乗らなかったけど、そんなスーツケースビジネスみたいな小金でも、当時は数千万の儲けが出たんじゃないかな。
西村　怪しげなルートで大金が稼げる無法地帯だったわけだよね。そこで急速に莫大な富を蓄えたのがオリガルヒでした。特に代表的な7人のオリガルヒをロシア語で「セミバンキルシチナ（7人の銀行家たち）」と言っていました。17世紀の大動乱時代のロシアを支配した「7人貴族（セミボヤールシチナ）」にかけていたそうですが、われわれ西側メディアの間では「モスクワのG7」と呼んでいました。彼らは、自分たちでロシア経済の半分を支配していると豪語していました。
その筆頭格が、「政界の黒幕」ともあだ名された政商、ボリス・ベレゾフスキーでした。もともとは数学者で、はじめはサンクトペテルブルクの国産車、これは佐藤さんも乗っていたジグリでしたが、その海外ブランドのディーラーでしたね。とにかく、せっかちで異常な早口、しゃべりだしたら本当に止まらない。当時から携帯電話を三つ持ち歩いていると言われていました。自動車販売会社を起こして財を成し、国営放送のロシア公共テレビ（ＯＲＴ）といったテレビ局をはじめ、ロシア有数の経済誌、新聞、週刊誌などあらゆるメディアを買収し、アエロフロートの経営権も押さえた。自分たちのことを「セミバンキルシチナ」と最初に言ったのも彼だったよね。

佐藤　ベレゾフスキーは、自分では銀行を持っていないんだよね。ベレゾフスキーの金融面を支えていたのは、アレクサンドル・スモレンスキー。私は彼と付き合いがあった。

西村　ＳＢＳアグロ銀行のスモレンスキー、彼もオリガルヒの一人ですね。佐藤さんが彼に目をつけたのはなんで？

佐藤　マカロフに聞いたんです。「本当に権力を握っているのは誰なのか？」って。そうしたら「スモレンスキーだ」って教えてくれた。

西村　マカロフっていうのは、佐藤さんがアメリカ発のエリツィン死亡情報を打ち消したときのネタ元だったやり手悪徳弁護士。

佐藤　そう。彼はロシア弁護士会会長を務めたことがあり、省庁間腐敗汚職合同捜査委員会の議長もしていてね。ＫＧＢの資料をコピーして、その資料を元に人を脅して金をつくるというスタイルで仕事をしていた。でも非常に有能だったね。ブレジネフ元書記長の義理の息子が逮捕されたときに無罪を勝ち取ったのもマカロフ。あの裁判はソ連の裁判史に残るんじゃないかな。私は難しい問題があると大体マカロフに相談していました。

西村　ものすごく恰幅のいい男だったね。

佐藤　身長は175センチくらいなんだけど、体重が一時は180キロあったんじゃないか。それで医者にこのままじゃ死にますよと言われて、半年で90キロまで落としていたな。3か月くらい水とミネラルしか口にしなかったって。

西村　おお、それはすごい。

佐藤　おっかないアドバイスをもらったこともあるよ。1995年、ちょっと相談があるって言われて車に乗ったら、いつもは運転手がいるのに珍しくマカロフが自分で運転してね。ごみ捨て場に連れて行かれて訝しんでいたら、奥に隠し扉があって、扉を開けたら孔雀とかきれいな鳥がたくさんいて。なんとモスクワ市長の特別別荘だった。

西村　まさに隠れ家だね。

佐藤　しかもそこに、国税庁長官がいてね。相談って何かと思ったら、「ダミー会社をつくるから、そこに日本から融資をしてもらえないか」っていうの。ダミー会社はすぐに倒産させる。集めた金は選挙運動に使う。北方領土も買い取ると。それでおまえにもコミッションをやるから、東京につないでくれって。

西村 いやな話だよなあ(笑)。

佐藤 速攻で断るとともに、公電で報告しました。もしもそんな話が動いて、私が関与していると思われたら困るから。でもさ、これは彼らとしては善意のアドバイスなの。本当に北方領土問題を解決したいのなら、日本から金を出して国会議員を買収すればいいじゃないかって。

西村 その話を国税庁長官と省庁間腐敗汚職合同捜査委員会の議長から持ちかけられるっていうのがすごいよね。で、佐藤さんはそんなマカロフの情報網から、スモレンスキーに目をつけた、と。どうやって親しくなったんですか?

佐藤 スモレンスキーはゾウの置物のコレクターだったから、上野動物園でゾウのキーホルダーとかゾウの置物とかをいっぱい買って持っていったな。本当に大喜びしてくれた。ベレゾフスキーはヘビの置物をコレクションしていたはず。

西村 そうなんだ。私はベレゾフスキーが買い取ったロシア貴族の洋館を訪ねてお茶を飲みながらいろいろ話を聞いたけど、そこではヘビの記憶はないなあ。

佐藤 いや、事務所にはたくさん置いてあったよ。スモレンスキーの邸宅にも、閣僚はもとより大統領府の副長官やら局長やらがひっきりなしにやってきていた。人事案件も全部このオリガルヒのところで決めているから、政府の高官がしょっちゅうご機嫌伺いに来るんだ。そうしていろんな情報を持って行かないと干される可能性があるから。

西村 彼らの権力の源泉は資金であると同時に、エリツィンの大統領再選のための資金的スポンサーだったたっていうのも大きいよね。1996年、エリツィンが4年の任期を終えるにあたって行われた大統領選挙で、エリツィンは本当に劣勢でした。6月の第1回投票でロシア共産党のゲンナジ・ジュガノフは「貧」「農」「老」の抗議票をかき集めて、3ポイント差まで迫りますが、結局、決戦投票ではエリツィンが勝ちます。

佐藤 マフィアやオリガルヒが富をほしいままにする一方で、エリツィンの経済政策下で一般市民の生活は非常に厳しいものだった。当然エリツィンの支持率は下がるよね。1996年頭の世論調査では支持率6パーセントまで落ちていた。大統領副長官だったボルコフ、覚えてる?

西村 佐藤さんに紹介してもらったよね。

佐藤 ボルコフに聞いたんです。「エリツィンの支持率が6パーセントまで落ちているけれど大丈夫か?」って。そうしたらボルコフは、「そんな数字信じてるのか、大統領府での調査では2パーセントだよ」って鼻で笑ってた。「でも絶対大丈夫だ」って。「もしエリツィン政権が倒れて共産党政権になったら、オリガルヒの奴らも全員縛り首だ。みんな死にたくないから手弁当でエリツィンを応援する。支持率20パーセントもあったら何もしないだろうけど、2パーセントまで落ちたからそろそろ動くだろう」って。その通りになったね。

西村　私はこの選挙をエリツィンやその対立候補者たちに同行しながら取材したのですが、こんな金権選挙は後にも先にも見たことがなかったですね。エリツィンを再選させるためのとてつもない金権選挙。それにこれほど電波を政治のために露骨に利用した選挙もありませんでした。ところが、西側の政府も、われわれ西側のメディアも、これほどの極端な金権選挙、これほど極端な電波の政治利用を問題視しませんでした。

あの頃の空気としては、エリツィンの支持率がどん底まで落ち込んで、国家が混乱のきわみにあるなか、ジュガノフのロシア共産党が復活するという危機感がものすごくありましたよね。そこで、オリガルヒでつくるエリツィン陣営は、「共産党の復権を許すな」という危機感を前面に出して、低支持率を覆すための大々的なキャンペーンを仕掛けたんです。膨大な資金と大量のテレビ番組を投入したのが、民放NTVを持つウラジーミル・グシンスキー、旧ソ連国営放送が前身のORTの経営権を握っていたベレゾフスキー、この二人のオリガルヒだったわけです。

エリツィンが再選されたのはオリガルヒたちのおかげでした。そうして再選を実現した後は、借りを返せとばかり政府人事に介入し、政界の究極のインサイダーになっていった、そういう流れですね。しかし、彼らはあまりに強くなりすぎました。ベレゾフスキーはエリツィンにとっては「恩人」だったのですが、とてもやりにくい存在でした。プーチンを有力政治家に引き上げたのもベレゾフスキーのメディア操作だったのですが、結局、プーチンによって彼は切り捨てられ、やがて亡命先のイギリスで死亡するという末路をたどりました。

オリガルヒとイーロン・マスクの類似点

西村　さっきの資本の本源的蓄積、あるいはワイルドウエスト・キャピタリズムって、三段階で成立するんですよね。

まずは「価格の自由化」。その次に「バウチャー（株式引換券）」の買い占め。そして、最後の総仕上げが、「株式担保融資」。これは、彼らの銀行が、カネに困っているロシア政府に融資をします。そのとき、担保として国有大企業の株式を預かります。政府は金欠だから融資を返せない。そこで、競売となるんだけれど、担保となった国有企業を自分自身に安値で売る。こういうからくりです。1億ドルとか3億ドルで買い叩いた国有の大企業が、そのうち200億、300億ドルの価値に膨らんでいく。これこそが、究極のインサイダー取引だよ。

佐藤　鍵は「バウチャー」だよね。バウチャーをかき集めた人間がその後の経済的優位に立った。

西村　ソ連崩壊直後のロシア政府は、国民全員に企業の民営化、企業の経営に参加させようとしました。とてもナイーブな考えだったよね。第一段階の価格自由化で物価がめちゃめちゃ高騰していて、スーパーの棚はどこも空っぽ。私が留学時代に下宿していた3世代、5人のロシア人一家も、私がドルで下宿代を払う前は闇市を走り回っていたからね。だから、国民全員に株式の引換券であるバウチャーを配ったところで、破壊的なスーパーインフレに苦しめられている国民には、株を持つなんて余裕はありませんでしたよ。私のまわりでも、自分のバウチャーを安く売って、そのお金でパンを買っていた人がいた。その日を生きるためにね。そうやって売られたバウチャーをばーっとかき集めたのが、オリガルヒだった。

佐藤　これもいまだから言える話だけど、私も何枚かバウチャーを買ったんだ。ロシア人から「外国人でも買えるから買っておいたほうがいいぞ」とアドバイスされてね。転売して、買った値段の30倍くらいの利益になったかな。仕事で役に立ちました。

西村　あの頃、MMMっていう、当時ロシアで1500万人が参加した末に崩壊して大きな社会問題となったねずみ講がありましたね。

佐藤　あれも少しやってみた。ぎりぎり破綻前に逃げ切ったけれど危なかった。でも実はいまもビットコインを持っているし、株や金《きん》も少し持っています。これは当時の経験があるからだよね。儲けうんぬんよりも、持っていることで皮膚感覚で経済の動きがわかる。毎日バウチャーを買い集める連中は、どの資本家がいちばん高く買ってくれるかを常に気にしていました。MMMだって要は詐欺なんだけど、でも面白いんだ。ウクライナの東部地域にある「ドネツク人民共和国」の首長を務めているプシューリンは、元はMMMの代理店を経営して蓄財した。

西村　モスクワ勤務の後、米国西海岸のシリコンバレー、北京の中関村や上海、杭州でスタートアップの若くて野心家の天才たちと会ったとき、あの頃のロシアのオリガルヒが頭に浮かびました。真っ先に思い出したのが、ミハイル・ホドルコフスキー。もともとはコムソモール（共産主義青年同盟）出身のエンジニアでした。時代と環境が違っていたら世界のビッグテック経営者クラブの仲間入りをしていたんじゃないかな、と。

佐藤　私もホドルコフスキーには2回会ったな。メナテップ銀行の創立者だよね。

西村　そう。のちに世界最大級の石油会社、ユコスの所有者になりました。もっともこのユコスと西側の石油会社の合併をもくろみ、それがプーチンの逆鱗に触れて、逮捕・投獄されてしまう。これはプーチンによるオリガルヒ粛清という転換点です。

佐藤　彼は、共産党に政治資金を流していたから。

西村　野党を応援していたね。それにダボス会議やキッシンジャーといった欧米のエリートサークルとも彼は親密だった。彼の絶頂期の個人資産は70億ドルだったらしい。

佐藤　なのに身なりや生活は質素だったね。ほかのオリガルヒと違って事務所も質素だったし、金があることを誇示することもなく。会ったときもジーンズとシンプルなポロシャツを着ていたよ。非常に頭がよくて、話していても気持ちのよい人物でした。

西村 ホドルコフスキーは私が留学を終えてモスクワで記者として働き始めたときにはすでに頭角を現していたけれど、まだ30歳だったからね。若すぎるぐらいの年齢で、政治のインサイダーへ入っていった。

佐藤 たしかに彼のような人間だったら、そしてもし、当時ロシアがイノベーションのほうに向かうことができていたら、そちらに進んだかもしれない。

西村 ホドルコフスキーはたしかに禁欲的で質素な生活を送っていたんだけど、かつてフィナンシャル・タイムズの元モスクワ特派員にこう言ったんだ。「われわれの羅針盤は利益である。われわれが崇拝するのは資本陛下である。われわれの目的は大富豪になることだ」と。

佐藤 マルクスは『資本論』で「資本家は個人の性格が問われるのではなく、資本を体現した、その人格が問われる」と言ったよね。

西村 佐藤さんは以前、イーロン・マスクこそカール・マルクス理論が受肉した存在だと言っていたでしょう？

佐藤 天才的なアイディアがあったから儲けたわけではなく、巨大な資本を使って労働者からよく搾取できましたね、という話だよね。だって安全な決済システム、電気自動車、火星への移住。突飛な発想ってないじゃない。

西村　いやぁ、結構突飛だと思うけど（笑）。まあ、夢見るだけならみんなできるということだね。

佐藤　それをなぜ実現できたかっていうと、1999年にマスクの創業したオンライン銀行エックスドットコム（X.com）は、コンフィニティと合併してペイパル（PayPal）をつくった。ペイパルは2002年に株式を公開し、7月、15億ドルでイーベイ（eBay）に買収された。マスクの懐には約2億5000万ドルくらいが入ってきた。その資金があったから。

西村　マスクを含む当時のペイパル出身者たちは、その後、革命的なサービスを次々と生み出して、ペイパルマフィアと呼ばれているよね。

佐藤　オリガルヒは国有財産をぶんどるとか石油会社をぶんどるとかできたけれど、アメリカではそうはいかない。莫大な資産を築いたペイパルマフィアには、イノベーションしか金儲けの手段がなかったわけだ。もしロシアの状況がイノベーションしかなかったっていうのだったら、すごいものが生まれてきたと思うよ。

西村　ロシアのオリガルヒは国富を貪り、金融資産とメディアと石油を武器に権力のインサイダーとなって、大統領選挙を左右し、政権人事を動かした結果、プーチンに潰されたわけです。対してマスクは、テクノロジーとプラットフォームを基盤に、政府の口出しを徹底的に嫌って連邦取引委員会（FTC）と対立したりして、バイデン政権ではワシントン政治のアウトサイダー。その点、オリガルヒと違いはあるけれども、影響力の大きさという意味ではとても近いよね。むしろ国家にも匹敵する影響力を持っているんじゃないかな。たとえば彼の会社スペースXの衛星インターネット事業スターリンクは、いまのウクライナの通信インフラには欠かせないサービスで、ウクライナ戦争開始直後からウクライナ軍はそのサービスの恩恵を受けています。でもその一方で、彼の評伝によると、ウクライナ軍がクリミアに攻撃をしかけようとしたとき、マスクはスターリンクの接続を遮断した。一企業経営者の匙《さじ》加減がロシア・ウクライナ戦争の戦況に大きな影響を与えているんだよね。

佐藤　もしそこで遮断していなかったら、マスクはいま生きていないよ。ロシアは国家として特定の人間を殺すと決定したら必ず実行する。それがたとえ大統領であっても、暗殺する能力はある。そんなことをしたらアメリカと全面戦争になるからやらないだけで。その点マスクは、国家元首ではないからね。

西村　ロシアによる暗殺は過去、いくらでも例があるからね。マスクと中国の関係も面白い。マスクは上海に電気自動車テスラのギガファクトリーを持っています。中国で初めて合弁ではない100パーセント出資の子会社を認められたわけだ。自動車の製造と市場で中国に権益がある以上、中国が絡む国際紛争では、北京の顔色を見ざるを得ないよね。彼は地政学的対立世界をすでに泳いでいる。国家から超越したテクノユートピアン的な顔をしていても、国家間の地政学争いの当事者になっている。その点ではわれわれが追っかけたオリガルヒ同様、すぐれて政治的な存在ですね。

佐藤　マスクは中央アジアやアフリカ、中東あたりには行かないことだね。そういうところは往々にして不慮の事故があり得るから。

第六章

記者と官僚とＡＩ

ＡＩの可能性と限界

佐藤　生成ＡＩが一般に普及して、どの業界でもＡＩの活用についての議論が起きています。西村さんはかなり早い段階から、ＡＩに新聞記事を書かせていたと思うんだけど。

西村　最初にＡＩを使ってみたのは高校野球の短信でしたね。ＡＰ通信にいる友人から「スポーツ記事はＡＩを取り入れている」と教えてもらったのがヒントになった。チャットＧＰＴが出てくるより前です。高校野球の地方大会予選の最初のほうは記事としての構成はシンプルだから、スコアブックデータを入れれば自動的に瞬時に記事ができるシステムを取り入れました。現場の記者の負担を軽減する意味もあった。

佐藤　その前に、気象情報をやっていなかった？　気象情報に関しては国際的にＡＩを使うようになっているという話を、スポーツより前に西村さんに聞いた記憶があるけれど。

西村　気象や防災の記事情報にＡＩを使えるだろうという話はたしかに以前からあったんだけど、実用化したのはスポーツ記事が先でした。日経新聞はそれより早く企業の決算短信記事を

ＡＩで自動生成していましたね。

佐藤 なるほどね。

西村 ただスポーツ記事がなんでもＡＩでまかなえるかというと、それは話が別なんです。スポーツ担当記者にとっての取材のポイントの一つは、たとえて言うと、ロッカールームで選手本人から直接話を聞けるかどうかだから。信頼関係を培って、ロッカールームに入れてもらえるような関係になって初めてスポーツドラマが描けるっていうことだね。

佐藤 ＡＩにはそれはできないだろう、と？

西村 そう、少なくとも現段階では。これはあるアスリートから聞いた話です。競歩ってあるでしょう。あれ、両方の足が地面から離れてしまうと反則を取られます。で、あるとき、テクノロジーを全面活用して最初から最後まで厳格にＡＩで映像解析してみたら、全員が反則していたんだって。

佐藤 足が離れちゃってたんだ。

西村 そうそう。ではどうするか。私は三つのパターンをそのアスリートに聞きました。一つめは、ＡＩ審判の厳格なルールに完全に適応できるよう選手を徹底的に鍛える。二つめは、人間の審判をＡＩの精密さに少しでも近づけるよう訓練を重ねる。三つめは、ＡＩ解析からの逸脱を認める、あるいは無視しちゃう。この三つのうちどれにしたいですか、ってね。そのアスリートは「ＡＩを使えばとても正確な判定ができるんだろうけど、ＡＩに頼り切っちゃうと、人間的な駆け引きやドラマがなくなってしまうのではないですかねぇ」と言っていましたね。ＡＩルールが行き着くところまで行って、ある意味、無機質、無菌の世界に達してしまうと人間のノイズや逸脱がなくなって、面白くなくなるのではないか、スポーツドラマにはあえてノイズは残しておいたほうがいいのではないか、私はそう受け取ったのだけれど。

佐藤　外交の世界にも非常に似ていますね。通訳能力はもはやＡＩのほうが高いといわれていて、特に外交の場合は特定のテーマが決まっているから、同時通訳もＡＩでできる可能性が高い。でも外交ではいまでも、絶対に人を介するようになっています。どんなに英語に堪能な政治家でも、間に通訳を入れる。それに録音もしない。これは今後どんなにＡＩの性能が上がっても変わらないよ。なぜかというと、誤訳として処理しなきゃいけない局面が結構あるから。

西村　通訳といえば面白い話を聞いたっけ。ゴルバチョフと中曽根康弘首相の。

佐藤　そう、私もあとから聞いた話なんだけど。１９８５年、モスクワでチェルネンコ前書記長の葬儀に参列した当時の中曽根首相が、ゴルバチョフ新書記長に弔意を伝えた。ゴルバチョフは別れ際に「ダスヴィダーニャ」と言った。これはロシア語で普通によく使う「さようなら」という意味なんだけど、ロシア側の通訳は「また会いましょう」と訳した。それを聞いた中曽根首相が日本大使に「ゴルバチョフがもう一度会おうと言ってるから交渉しろ」と。いや

「ダスヴィダーニャ」は別れの挨拶です、と説明しても「そんなわけはない」と聞く耳を持たない。結局ごねて帰国前にもう一度会うことになったんだけど、これはもう中曽根さんはわかって言ってるんだよ、最初から。

西村 訳の幅を利用したんだね。

佐藤 そうそう。別に「ダスヴィダーニャ」を「また会いましょう」と訳したのは間違いではないからね。

西村 ニュートラルな言葉を、条件反射的に巧みに利用して、もう一度会談をセットする方向にぐいっと持っていった。外交の力ですね。

佐藤 現役の外交官もおおいに見習ったほうがいいと思うよ。当時はみんな相当困ったらしいけど、私がもしその場にいたら、中曽根さんと一緒になって向こうにねじ込んだよね。中曽根相手にまた会いましょうって訳したらそういう受け止めになるのは当然だろう、誰が相手だと思ってるんだ、って。

西村 強引に行かなきゃ進まないこともあるもんね。

競歩の審判の例も中曽根さんのエピソードも記者の世界にどこか通じるところがありますね。第四章で、取材というのは仮説が裏切られることをむしろ喜ぼうと言いましたが、取材というのはさまざまなパターンから外れたノイズや異物を直視するところから始まります。いずれも、人間の生み出すアナログ的なノイズは、むしろ担保しておいたほうがいいということではないですかね。ただ、いまＡＩ時代のメディアで深刻な問題になっているのは、情報の量が幾何級数的に増え、情報大爆発の中で誤情報や偽情報、情報工作としての操作情報といった文字通りのノイズが毎秒山のように入ってきているということです。

そもそものＡＩとは知能、知性を蓄えた機械ではなくて、言語のモデルですよね。過去の言語のパターンから次に現れてくる単語を予測する。確率の世界ですね。

佐藤　ＡＩは基本、統計と確率だから。

西村　そうなんだよ。ところが、ジャーナリズムっていうのは、言葉を糧としているんですが、ＡＩはまさに言語のモデルなので、糧とする言葉の世界にノイズが絶え間なく入ってくるわけです。すると、どうなりますかね。さっき話したアナログ的なノイズというのは取材の原点を見つめるきっかけを与えてくれると思うんですが、デジタル的なノイズの比重が二次発信、三次発信も加わって幾何級数的にどんどん高まってくると、コンテンツが劣化して、ジャーナリズムは信頼を落とし、選別され、淘汰されるものも出てくるでしょう。

ただ、そこで終わらない気がします。人間の倫理や人間がつくるルールが追いつかないまま、ＡＩが独自の進歩を重ねて、そのノイズさえ徹底的にふるい落とすことができるようになったら、ものすごく安いコストで、あるいはゼロコストで、無菌で無機質の情報空間に近いものがつくり出されてしまうことだって、可能になるわけですよね。

伝統ジャーナリズムは、とうの昔から、Googleに代表される検索・オンライン広告ビジネスによって打撃を受けてきました。いま、生成AIにニュース性の高いテーマについて尋ねると、まとまった答えを示してくれます。ある段階にくると、答えの精度が一気に高まって、利用者は1回限りのAI検索で満足して、メディアのニュースサイトからますます遠のいてしまうおそれがあります。一方のGoogleは、1回限りの回答で満足されてしまうと検索利用回数が減り、その分広告収入も減る恐れもあるわけですが、それでもAI搭載の超高度の検索システムを開発しますから、生き延びるでしょう。しかも、記者が苦労して書いた記事、有料で公開配信している記事はただで、あるいは安くAI学習に使われます。記事はあくまでもAIにとっての便利な学習データにすぎないということになりますね。ジャーナリズム世界の中の淘汰だけではなく、ジャーナリズムそのものがビジネス的に淘汰されるかもしれない。そのくらいの危機感を持っています。

佐藤　なるほど。もう少し整理してみましょうか。現行の人工知能は第3世代だよね。今後のリスクを考える上では、第2世代の人工知能の失敗を踏まえておく必要があると思う。

西村　というのは？

佐藤　第2世代の人工知能はノーム・チョムスキーの理論をベースにしているよね。すべての言語には通底する論理があるはずだという。でもその理論は欧米基準であって、日本語のような言語は解明できないことがほぼ確実になってしまった。そこで第2世代の論理は頓挫してしまって、その上で第3世代の研究開発がされているんだけど。ではどういう理論になったかというと、集まったビッグデータを基にした統計で答えをはじき出すようになった。面白いのは、そうすることでAIと人間の間の相互作用が生じてきて、人間が生成AI化してきてるんだよね、同時に。つまり、収集するデータもアウトプットするデータも非常に偏った領域での作業になってしまっている。AIに任せるのではなく、人間に判断をさせようと思っても、人々がデータに頼るようになっている。このシステムもまた耐エントロピー構造を持っていて、集団的な偏見がある。何より問題なのは、外側が見えなくなる、外部性の喪失だと思うんです。

西村　なるほど。もともと言語モデルには、ジェンダーから人種まで、多くの偏見が持ち込まれていますよね。それと、言語モデルの種類ごとに違う政治的なバイアスもかかっています。さらに、ビッグデータとして取り込まれているデータは、ほとんどが欧米の英語データですよね。日本語やアラビア語のデータはまだまだ少ない。

佐藤　Google翻訳も琉球語は全く翻訳できないよ。ビッグデータがないから。アルバニア語もめちゃくちゃな翻訳が出てくる。

西村　そういうことだね。

佐藤　逆に考えると、利用者の少ない言語圏の人はずっとAIによるノイズが取り除かれないままだから、むしろそこから創造的なものが生まれてくるかもしれない。ニューギニア高地の人とか、イヌイットの人が使っている言葉はビッグデータになりえないだろうから。

現代の問題の根は「人間の疎外」

佐藤　近年、朝日新聞が集中的に扱っているテーマの中で、唯一評価しているのはホストクラブ問題なの。
西村　唯一か？（笑）朝日が最初にやったわけではないけどね。でもなんで？
佐藤　ホストクラブ問題というのは、要はホストが若い女性を自分の店に通わせて、料金を払えなくなったら風俗店を斡旋してその報酬を巻き上げるシステムだよね。これは昨今の行き過ぎた私立中学受験の様相と根は同じだと思ってる。
西村　ホストと受験？　どういうこと？
佐藤　性と教育は、本来は商品化してはいけないものなんだ。人間と人間の関係で行われるものであって、貨幣で買えるものであってはならない。でも実際は恋愛をホストクラブで、セックスを買春で、難関校に合格させるための受験テクニックを塾で、それぞれ貨幣と交換できるシステムができ上がってしまった。マルクスの言葉を借りると「人間の疎外」が生じている。ホストクラブに通い詰めて売春せざるをえなくなった女性や、教育虐待をする親というのは、すべて「人間の疎外」から生じた問題に見えるんです。そしてＡＩは「人間の疎外」と非常に相性がいい。

西村　なるほど。その「相性」でいえば、メディアの世界でも、ユーザーの「関心」を収益に変えるプラットフォームの「アテンション・エコノミー（関心経済）」にせよ、フェイクニュースの拡散にせよ、ＡＩとはとても相性がいい。

佐藤さんとはこれまでもＡＩについて何度も議論してきたけど、これはあらゆるものを考え直すいい機会になります。私としてはこの議論によって、ジャーナリズム本来の姿は何なのかについて考えていきたいし、メディア全体でももっと真剣に考えなきゃいけない問題だと思う。

官僚の世界ではどうですか？　たとえば国会答弁をＡＩでつくったり、アナログ世界の山のような無駄な書類仕事がデジタル化で便利になったりするんじゃない？　人手不足に長時間労働で「ブラック職場」「ブラック霞が関」なんて言われて若手の離職者も増えているのだからＡＩ活用の効果はあるでしょう？

佐藤　国会答弁に関しては職人芸だから、現職でやっている人のほうがＡＩより速いし正確だと思う。

西村　職人芸？　国会答弁が？

佐藤　発言要領をコピーペーストして、ちょいちょいと細部を直すっていう。

西村　それこそＡＩならすぐできるのでは？　過去の膨大な答弁、応答要領なんかを全部データとして食わせておけば、パッとつくってくれそうだけど。実際、国会議員の全発言をＡＩに学ばせた例もあるよ、国会答弁のためではないけどね。

佐藤　ところが政治家ごとに好む言葉遣いが違うんです。体言止めが好き、とか。ＡＩにやらせるとしたら、そのクセをいちいち個別に入力するのがまず大変だと思う。

西村　面白いね。クセがあるから一般化できないし、そんなクセの個別入力はたしかに大変だ。

佐藤　過去の発言データベースをつくったとしても、何か面白い本を読んだり、付き合う人間が変わったりするとそこでもまた影響がある。あるいは派閥内での独特の言葉遣いもあるし。そのあたりを熟知しているっていうのはもはや専門職の職人芸だよね。政治家の先生たちは、ちょっとでもズレたものを持っていくと、プイッて機嫌を損ねちゃうから。

　そういう、経験知のほうが勝る局面はまだまだ多いと思うよ。私だって、名刺や書籍もデジタルデータよりアナログのほうが探しやすいしね。

西村　佐藤さんのところには、すごい量の名刺があるよね？

佐藤　名刺は2万枚から3万枚の間ぐらい。全部箱に入れて積んでるけど、だいたい位置で覚えている。書籍もそう。だいたい4万冊くらいあって、特に重要な6000冊くらいをデータベース化して検索できるようにしたんだけど、本棚から探したほうが早い。

西村 それは佐藤さん個人の特殊能力だよ（笑）。

佐藤 三次元の記憶って強いんだよ。物理的なモノに収納されているデータは情報漏洩もしづらいしね。

西村 それはそうだけど（笑）。

メディアの世界では、効率化のためのAI活用事例が世界中いたるところにあります。インタビュー音声を文字に起こす作業はもう当たり前。動画の話し手の唇の動きを読んで字幕にするAIもある。見出しや要約は簡単につくれるし、ニュースを発信するときいろいろなフォーマットに合わせて自動で最適化するとか。インタビューの質問候補をAIでつくっている記者もいるよ。たとえば、ある記者が佐藤さんに取材するとなったら、佐藤さんがこれまでに書いた原稿や論文をAIに読ませてテーマを与えれば、ふさわしい質問文が瞬時に出てくる。まあ、そんな質問はつまらないと思うけどね。ただ、営業や販売の単純作業ははるかに合理化できるでしょう。パナマ文書、パラダイス文書、フェイスブック文書のように内部告発などで流出した膨大な量の書類もAIで解析できますから、むしろ、こうした調査報道の裏付け取材にもっと時間と人手を注げるというメリットは大きいですね。

AIはニュース砂漠の侵食者か救世主か

西村　ＡＩ活用例の中でも、最近特に面白い動きだと思っていることがあって。佐藤さんは「ニュースの砂漠」という言葉を聞いたことある？

佐藤　ニュースの砂漠？　聞いたことないな。

西村　アメリカで深刻な問題になっているんだけど、地方紙が次々に廃刊したり、ヘッジファンドが買収しては叩き売ったりを繰り返した結果、新聞がない空白の地域がどんどん増えている、その現象を「ニュースの砂漠」と呼んでいるんです。ノースカロライナ大学からノースウエスタン大学に引き継がれていまも継続的に行われている調査なんだけど、アメリカではこの2年間、週に平均2紙以上の新聞が消滅している。さらに2024年末までに、2005年時点にあった数の3分の1がなくなると言われています。最近は、空白につけこんで、いかにもありそうな地方紙の名前を使ったニュースサイトをいくつも立ち上げて、分断をあおるような記事やフェイクニュースをアルゴリズムで流し込むという「ピンクスライム・ジャーナリズム」、ピンクスライムというのは、安物の加工肉をひき肉に混ぜて売るものなんですが、そんな悪質なメディアが増えています。ＡＩの悪用でこの種の粗悪メディアが砂漠を食い散らかしているわけです。

佐藤　なるほど。

西村　一方で、そうした地方紙消滅郡でいま、ＡＩを使った「砂漠の緑化」が多少なりともできないかという、前向きな試行錯誤も行われているんだよね。新聞がなくなり、情報にアクセスできる環境がなくなると、政治に対する関心がなくなり投票率も下がっていく。汚職の監視がなくなる。治安などの社会問題に対する関心も薄れてしまう。なんとかしようと、地方議会の審議や公聴会、法廷などでの議論の中身をモニタリングし、テキスト化して、データとしてためて、分析して、全部市民に公開しようという試みなんか、その一例です。おそらくこうした現象やそれに対応する動きは、日本にも周回遅れでくるんじゃないかなと思うんだ。

佐藤　その場合、必要とされるのは文脈と歴史の創出だよね。新聞には日刊という節目、それから紙面に掲載される場所や順番。そういう前後関係や文脈がある。ベネディクト・アンダーソンは『想像の共同体』の中で、新聞のことを……。

西村　「一日限りのベストセラー」と言いましたね。昔は、新聞を読むことが「朝の礼拝」にも等しい、共通の物語を持つ行為とされたけれど、「一日限り」ということは次の日には紙くずになる、忘れ去られる、と。

佐藤　だからこそ以前は、あまり大っぴらにしたくない情報をこそっと紛れ込ませるというテクニックも使えたんだけど。これがデータとして記事がバラバラにかつ大量に蓄積されて、おもに検索でピックアップされるようになると、前後関係も文脈もなくなってしまう。

西村 記事がばらばらの断片に「アトム化」していくだけでなく、AIのアルゴリズムによって、利用者の興味や関心に合うものだけがどんどん流れてくる、時系列も文脈もますます消えていきます。

佐藤 それの何が危険かって、関係ない事柄を結びつけて、勝手な文脈をつくってしまう人がいること。実際いまは、妄想に近い思い込みと決めつけで物事を判断する人が増えているでしょう。キャンセルカルチャーが進んでいるのはその影響がおおいにあると思う。アメリカはすでにキャンセルカルチャーで相当疲れているからね。その流れをどう食い止めるかっていうところからいろんな知恵が出てくるんじゃないかと思っています。

西村 そう思います。それと、さきほどの「ニュースの砂漠」は地域格差の話でしたが、アメリカでは情報の分断だけではなくて情報の格差も広がっている。私は日米合弁企業のハフィントン・ポスト日本版（ハフポスト）の代表を創業から8年間務めたのですが、創業からしばらくは、こうした無料広告モデルの野心的な新興デジタルメディアの黄金時代でした。VOX、VICE、BuzzFeed、ハフィントン・ポストといった無料サイトが、広告モデルとソーシャルネットワークプラットフォームに大きく依存しながらも、映像を含めた質の高い情報を発信し、カネのかかる調査報道にも投資しました。ベンチャーキャピタルも参入してきました。伝統メディアは彼らに追いつけ追い越せを合言葉に、その報道をマークしていた時代でした。

ところがいま、その時代が終わりつつあるのかもしれない。そういった無料サイトの多くが、ソーシャルメディアプラットフォーマーのニュース離れの影響もあって、経営不振で人員整理をしたりニュース部門を閉じたりしたりしているんです。世界中の新聞社も会員制有料サイトにシフトしている。

有料のニュースにカネを払わない、払えない、そもそも払う気のない人たちは世界にたくさんいるわけなんだけど、AIを使った情報の自動収集システムがもっと進化していくと、無料サイト群の中で、誤情報や偽情報、党派的にものすごく偏った情報、操作情報が増えていく可能性が高まります。さっきのアメリカの「ピンクスライム」なんかもそうです。もちろん、日本のハフポストはいまも大変健闘していますが。

そうなると、有料のサイトやサロン、エリート層向けの高額のニッチなサブスクなどに惜しみなくお金を払う人と、カネは絶対に払いたくないという人は別にしてそうしたサイトやサロンにアクセスしたくてもお金を払う余裕がない人に分かれてしまう。「砂漠」じゃないけど、こうした点からもこれから情報の差が広がっていくんじゃないかと思ってしまう。

佐藤　だと思います。同時にその状態は、権力者にとって非常に統治しやすいものでもある。

西村 日本のメディア界でも、広告モデル完全依存型、ソーシャルプラットフォーム完全依存型のビジネスモデルはもう限界にきているということに、みんな気づいてはいるはず。だから有料でも人を集められるような優良なコンテンツを発信できるジャーナリズム、専門性の高いジャーナリズム、特定の読者層向けに価値ある情報を届けるニッチなジャーナリズムを固めていこうという方向になってはいるんです。問題は、課金の壁を越えてニュースを読みに来てもらうための工夫、課金の壁の高さや購読期間を時と場合によって柔軟に変えられる技術、それに、私も東日本大震災のときにやったんだけど災害時などに一気に無料開放して裾野を広げるメリハリ、そして、圧倒的多数の無料サイト群に埋もれないためにはどうすればいいかとか、いまだに考えなくちゃならないことが多い。

佐藤 人気のあるコンテンツを徹底的に研究分析する必要に迫られていますよね。特に未来を担う子どもたちの行動は参考になると思う。学校や塾で受験に向けた勉強をしつつ、息抜きに何をしているか。いまだとたとえば、人気ユーチューバーのヒカキンの配信を流しつつ、ニンテンドースイッチでスプラトゥーンをやりながら、並行して友だちとＬＩＮＥで通話している。常時マルチタスクで、三つ以上のことをやっているんです。だから裏を返すと、ＬＩＮＥに載るだけのコンテンツでは見てもらえないんだよね。

既存メディアが生き残るには

西村　会員制サロン、サブスク型の会員制ニュースレター、会員制番組が世界的に広がっているのですが、近頃は特に既存メディアを辞めた記者が独立して情報発信するケースも多い。日本では日経新聞から独立した後藤達也さんが有名ですが、まだ成功例は少ない。

佐藤　でもメンバー数の天井はそう高くはないと思う。個人なら大体1500から2000人が限度じゃないかな。

西村　個人ならそれでいいんじゃないですか。メディアが組織として運営する場合だって、閲覧数はプラットフォームとは比べ物にならないくらい少ないでしょう。でもそれでいいんです。大切なのは、メディアや記者が読者、視聴者と密なつながりを持ち、ユーザー同士も積極的に交流できるコミュニティをつくることだから。そういった、ロイヤリティの高い、中間団体にも似たコミュニティを1個、2個から始めて、10個、20個、100個と増やしていく。いまはその増殖の過程の途上にあるといっていいんじゃないですか。

佐藤　たしかにその流れは感じます。個人でやる場合で言えば、たとえば月額1万円として、コアなメンバーが50人いてくれたら月に50万円。飯は食っていける。1割はプラットフォームに使用料を払うけど。

西村 組織としてのメディアなら、一つひとつの企画を強く打ち出す、あるいはスター記者を表に立てるとか。グループ内の会社ごと、特集のページやサイトごと、企画ごと、地域ごとにコミュニティをつくって、参加者限定の記者交流会とか対面サロンのような付加価値をつけていく。

佐藤 『しんぶん赤旗』と『聖教新聞』は、以前から情報をネット媒体にはあまり流さずに一定の読者を獲得しているよね。

西村 部数は一時期よりだいぶ落ちたけどね。それでも一部の全国紙より多い。

佐藤 自社のウェブサイトでも、サブスク継続しないかぎりは情報にフルアクセスできません。そうやって囲い込んで、彼らのコミュニティの中で留める。しかも『しんぶん赤旗』有料サイトの場合、1年以上経った記事は自動的にほぼアクセス不可になる仕組み。検索できなくなるの。もっとも、共産党が特に宣伝したい記事は昔のものでも読むことができる。

西村 一般メディアの場合、データベースへのアクセスの度合いは、加入しているサービスの種類によって違うところもあります。政党機関紙については、各紙を網羅しているビジネスデータベースを使えば、結構前の記事も検索はできますが、こちらは従量課金制です。佐藤さんのような単体の有料版読者にとっては、原則一律に1年でアクセスできなくなるということなら、政策や方針が変わっても過去記事できちんと検証できないではないかということ？

佐藤　そう。「忘れる権利」がしっかりと履行されている。昔のことをいちいちほじくるな、1年もあれば十分だろう、とこういう考えで成り立ってる。

西村　個人情報の削除を要求できる「忘れられる権利」じゃなくて「忘れる権利」？　いずれにせよ、『赤旗』は共産党、『聖教新聞』は創価学会という極めてロイヤリティの高い政治ないしは宗教のコミュニティともいえるね。

佐藤　どちらも独自の生態系を持っていて、考えていることはだいぶ違うんだけど、ネット戦略において極めて似ているのは興味深いよね。

西村　政党や宗教団体の機関紙は脇に置くとしても、コミュニティとロイヤリティという戦略は、今後に必要な視点ですよね。ただ、そうした地道なコミュニティ戦略を呑み込んでしまいかねない津波がＡＩです。その影響はいまのところは国によって時間差があるかもしれませんが、その時間差がなくなるのも時間の問題かもしれません。

佐藤　どういうこと？

西村　検索やオンライン広告、ソーシャルメディア、クラウド、ネット通販の世界を制覇したのが巨大プラットフォーマーですが、彼らはいま、ビッグテックならぬビッグＡＩに変貌しつつあります。そんなビッグＡＩ時代に入って、いろいろな国際マスコミウェビナーをのぞくと、各国の伝統メディアの人たちから「敗戦を繰り返すな」と聞くようになりました。

佐藤 メディアの敗戦ということ？

西村 ここでいう「敗戦」とは、メディアがコストをかけて取材したニュースコンテンツについて、まっとうな対価を得ることがないまま、世界中で巨大プラットフォーマーに対するニュースの提供が広がったことを意味しています。東京新聞でしたか、ヤフーへの配信を「麻薬」にたとえた新聞人の発言を引用した記事がありました。フランスのジャック・アタリは「新聞社はプラットフォーマーの提示する金銭的補償に応じてはいけない。それは自分たちの葬儀費用にしかならない」と切り捨てていました。ニュースの正当な対価を巨大プラットフォーマーに組織的に求めることは間違いなく必要です。ただ、それがプラットフォーマーへの依存を高めることになってはならないと思います。

佐藤 なるほど。で、その敗戦を繰り返すなということに？

西村 はい、ニュースを素材にして成長した巨大プラットフォーマーは、すぐにニュースに対する関心を失っていくのですが、ビッグＡＩにとって何がいちばん重要かといえば、データですよね。メディアは彼らの学習データとしての過去記事という大量のデータを持っています。

　だからいくつかの会社は、ＡＩの学習には使われないようにすでに自分のところの記事データへのアクセスをブロックしている。しかし、このブロックを乗り越えるのは技術的に可能です。無断学習とコンテンツただ乗りに対して、著作権侵害の法的な措置に訴えているメディアもあります。その一方で、過去記事データの提供でＡＩ企業側と金銭の支払いを伴うライセンス契約を結んだメディアも相次いでいます。まだ個々のばらばらなレベルにとどまっていて、ただで、あるいは安価に、収集可能な過去記事データが集められて、そのビッグデータが生成ＡＩの性能を上げるために利用されるという流れに、ストップをかけられていないのが世界の状況なんです。つまり、ＡＩ時代に考えなければならないことは、著作権です。日本でもようやく議論が始まったけれど、自分たちの持っている良質なデータは守らなければならない。ここは早くどうにかしないといけない。このインパクトは、おそらく「プラットフォーマー敗戦」をはるかに上回る規模になると思います。

使用言語によって情報空間が変わってくる

西村　ＡＩ企業の中には、ニュースコンテンツとは異質のオールマイティカードを持っている経営者がいますよね。たとえばイーロン・マスク。彼はＡＩの未来に警告を発しているのだけれど、すでに2枚のオールマイティカードを持っています。一つがＸ（旧 Twitter）。これはわかりやすい。一日に大体5億くらいのツイートがされているそうですが、膨大な言語情報です。

もう一つがテスラ、これは自動運転のためのデータの宝庫。ドライバーの動きをすべて録画し、映像をＡＩに分析させている。運転データと言語データ、この両輪を回すことで彼はＡＩの巨大資源をもう手にしています。

佐藤 たしかにね。そういった権力が集中しすぎるとなると、ますますもってマスクは不慮の事故が心配だな。国家のシステム、世界市場にいよいよ有害という判断が下ったら排除されるよね。似たようなタイプの起業家への見せしめの意味も含めて。これまでにも話してきた通り、国家はその気になればなんでもやるからね、ごく簡単に。特にアメリカのようなものすごい暴力性を持った国なら当然。もちろん日本でも。

でも面白いよね。結局それだけ大きな、国家や世界市場を揺るがすような大きな力を持ったシステムであっても、結節点にいるのは具体的な人間なんだっていう。その人間がいなくなったら一気に瓦解するよ。そういった観点も視野に入れておきたいところです。

ＡＩの宿命としてはもう一つ、私企業の事業だということがある。資本主義社会における私企業の目的は営利の追求だから、公共圏には必ずしもなじまないんだよね。

西村 マスクが買収する前のTwitterはトランプの投稿にアカウント凍結の判断をしたけれど、マスクが買収したら、一転、「表現の自由」を理由にアカウントを復活させました。経営者が変わると方針がコロッと変わる光景をわれわれは見てきたわけです。

巨大プラットフォーマーは、言論という公共的な性格を持つ世界に、とてつもなく大きな影響力を持っているのだけれども、実態は佐藤さんの言うようにあくまでもプライベートビジネス。巨大プラットフォーマーは「場」に徹するのが当然か、あるいは、EUが先陣を切って動いたように「場」に流れるコンテンツ内容に公共的な責任を負わせるべきか、私たちはこの数年、とても深刻なテーマに向き合っています。

佐藤　私企業が運営するプラットフォームを利用する上では、その企業の所有者の判断で、ある日突然、情報空間が閉ざされても文句をいえないと思うんだよ。

西村　伝統的な報道機関の社会的責任と、巨大プラットフォーマーの社会的責任とは全く同じものではないのだけれど、営利を追求する一私企業がつくるこの空間でも彼らが公共的な規律、責任を負わなければならない時代になってきていると思うよ。

佐藤　現在日本を含む西側諸国は、ロシア語の情報へのアクセスが著しく困難になっています。ロシア語空間にアクセスするときは私はヤンデックス（Яндекс：ロシアの検索エンジン、ポータルサイト）を使うんだけど、Googleでは表示されない情報もヒットするからね。つまり企業だけでなく、使用言語によっても情報空間が変わってくるんだ。

西村　そうだね。もともとインターネットは国境のない自由でフラットな世界を想定していました。ところがいまは、国家と同じようにブロック化している、いわゆる「スプリンターネット」の状態になっています。たとえば中国には、中国共産党に不都合な情報にアクセスできないようブロックする「グレート・ファイアウォール」がありますよね、万里の長城の“Great Wall”をもじったやつ。私が北京の清華大学で教えていた頃はまだ胡錦濤政権だったから、教え子の中にはBBCやニューヨーク・タイムズをはじめ西側メディアを幅広くチェックしていた学生もいたけれど、いまは無理でしょうね。ロシアでもウクライナ戦争が始まってから、AppleもGoogleもFacebookもロシアへのサービスを遮断しました。ロシアとしては国内の情報空間をつくらざるをえないという側面もあった。

佐藤　するとどうなるかというと、国内のサービス空間が快適になってきたんですよ、実は。たとえばロシアの動画サイトRutube（ルーチューブ）なんて、最初は誰も観ていなかった。でもYouTubeが遮断されて観られなくなったらだんだん活気づいて、いまじゃみんなRutubeを観ています。Amazonも使えなくなったけれど、国内の似たようなショッピングサイトOzon（オゾン）の品揃えがかなりよくなってきた。

西村　中国は前からそうだよ。YouTubeの代わりが優酷や哔哩哔哩、Amazonや eBayの代わりが淘宝《タオバオ》、Googleの代わりが百度《バイドゥ》の検索、Twitterの代わりが微信（ウィーチャット）や微博《ウェイボー》、Google Mapの代わりに百度などのアプリがある。遮断によって逆に国産アプリが出てくる。国内で移動や買い物をする分には全く問題ない。

佐藤　西側のクレジットカードは決済に使えないから、われわれはロシアの商品をなかなかネットで購入できないけれども。電子書籍も非常に充実しているし、英語で書かれた本も手に入る。これはセルビア経由で入ってくるんだ。だから実は逆ルートで、セルビアのインターネット書店を使えばロシアの本がほとんど手に入る。セルビアなら西側のクレジットカードが使えるから。

西村　なるほど。対ロシア制裁と同じように、ブロック化している中でも迂回ルートはいくらでもある。でも佐藤さんのように情報へのアクセスルートをいくつも持っているスペシャリストは別として、一般のジャーナリストは情報にアクセスできなくなるわけだよね。

佐藤　そうしてますますロシア人だけの情報空間が狭く深くなっていく。そこで蓄積されるビッグデータがベースになると、当然独特の偏りが出てくるよね。

西村　いまのロシアはエリツィン政権時代に比べるとメディア統制がはるかに厳しいのですが、まだ中国ほどの厳しいインターネット規制をしているわけではないよね。でも、だんだん情報にバイアスがかかってくる。そのバイアスを研究しようにも、そもそもアクセスができないってなると、余計に阻害されていくってことになるよね。

佐藤　そういうことです。

官僚も政治家もAI化している

佐藤 さっきも言ったように、AIの基本とは統計と確率で計算された判断だから、多数決原理なんだよね。しかし多数決原理は間違い得る。つまりAIも間違い得る。過信したらよくない。それに、世の中がAIに席捲されていくからこそ、逆にAIにはできない部分がカネになる。

西村 海外のある雑誌の編集長が「われわれがAIを語るのは、ジャーナリストを救うためではない。ジャーナリズムを救うためだ」って言ったんだ。記者個人を救うためじゃないぞ、と。

佐藤 AIの発展で食っていけなくなる記者が出ても構わないってことね。

西村 そう。あくまでもジャーナリズムを救うんだと。業務の効率化、自動化の効果の一方で、仕事がなくなることによる解雇の恐怖があるけど、負担が軽減されて解放された人とカネをジャーナリズムの質の向上にどう充てるか、テクノロジーの拡張効果で配信先や読者のウィングをどう広げるか、そういうことだろうね。官僚の世界ではどうなのかな。さっき、国会答弁はまだ職人芸の域だって話はあったけど。

佐藤 逆にいまは官僚がAI化しているよね。過去のパターンをなぞっているだけだから、変化に対応できない。

西村　官僚のＡＩ化って面白いね。なんでそうなってしまったんだろう。佐藤さんが現場にいた頃はそんなことはなかったわけでしょう？

佐藤　それは当時、いまよりもずっと、因果律の成立しないことが多かったからだと思う。一昔前までは、霞が関も永田町も、不合理なパワハラがあっても問題にもならなかった。今ではこうした慣習が改められ、霞が関も永田町も、いろいろな意味でだいぶ合理的になっているからね。このインプットをすればこのアウトプットが出てくるというケースが多くなってきたから、ＡＩ化しているんだと思うよ。そのほうが楽だから。

西村　だから変化には弱いと。なるほどね。これは記者の世界にも当てはまります。ＡＩ化というのは同質化に近い。最初の記者も官僚も同質化しているという話に戻るけど。因果律が奔放だった時代には、官僚も記者も、のちのＡＩ化につながっていく同質化はしていなかった、と。

佐藤　キリスト教がどうして科学を嫌ったかというと、科学と魔術は非常に似ているんだよね。たとえば神社に深夜2時に行き、藁《わら》人形に五寸釘を正しく打つ。そうすれば100日後に相手を呪い殺せます、誰がやっても効力の変わらないテクニックです、と。これは近代科学と同じ考え方でしょう。キリスト教の場合は、同じように願ってもあるときは叶って、あるときは叶わない。その基準もわからない。神様にしかわからない。

でも世の中って大体そういうものじゃないですか。人間関係もしかり。特に政治家なんて規格外みたいな人が多かったんだから。一言で政治家と言っても、村上正邦と野中広務と小渕恵三と鈴木宗男と小泉純一郎、全員同じスタンスでいけやしないよね。

西村 全くその通り。

佐藤 ところが最近は政治家も似たような感じになってきている。右に倣えで、同じ意見しか言わない。

西村 「官」に対する「政治の主導」という言葉があったけれど、たしかに官僚だけでなく政治家も同質化している。同一派閥の中の同質化、特定政党内の同質化を超えて、政界全体の同質化が進んでいると思います。これもAIにとっては「相性」のいい現象と言えますね。

佐藤 このまま因果律が適用される政治になっていくなら、さっきはああ言ったけど、国会答弁もAIで事足りるようになるかもしれないな。

西村 AIを単なるテクノロジーの問題としてだけではなくて、AIにどう接すべきか考えることは、ジャーナリズムの目的や存在意義、奉仕すべき相手について考え直す契機にもなりますね。記者と官僚という存在を超えて、人間は何ができるのかについて考える好機にもなります。それに、ここまで独立性や公共性、国益と権力と職業的良心、透明性や検証などについて話し合ってきましたが、それもつまるところは、ＡＩ時代の記者と官僚を考えるとき、それまでのこうした伝統的な概念のアップデートが必要だという問題意識につながるのではないかと思います。

第七章

記者と官僚のこれから

消えた論争

西村　この対談も終わりに近づいているのですが、もう一つ、佐藤さんときちんと議論をしたいと思っていたことがあるんです。

佐藤　なんでもどうぞ。

西村　これはメディアだけではないと思うんですが、近頃は「論争」をしなくなったでしょう。ここまでに検証の必要性、異論や反論の重要性について話してきたけれど、そこでは必ず論争が起きるはずなんです。以前なら組織の中でも、ライバル的な立ち位置のメディア同士でも、あるいは特定官庁の内部や、官庁と官庁の間でも、そしてメディアと官僚の間でも、論争が盛んでした。

朝日新聞の場合でいえば、かつては文化大革命などをめぐる中国報道について社内論争がありました。のちの論説主幹でリベラルな国際派、「反共」を公言していた故・松山幸雄さんは、文革や林彪事件などの朝日の中国報道に対して、「日中友好促進には反対ではないが、友好に反するような報道はしないといった過度の自主規制は間違いだ」「独裁政権から嫌われて追放されるくらいがよい記者であって、『歴史の証人』としてとにかく駐在していればいいという朝日の姿勢はジャーナリズムとしておかしい」と強く批判していたんです。憲法改正問題に関しても、朝日のスタンスは基本、護憲リベラルではあるけれど、たくさんの記者がいるから当然さまざまな意見があります。憲法問題で社内が真っ二つに割れるということはさすがになかったけれども、PKO法案やPKOの任務拡大論、平和安全保障基本法制定の提言、ミサイル防衛などでは超ベテランから若手まで、それぞれが自分の意見を持って、ときに議論を闘わせていました。論争は外務省でもあったでしょう?

佐藤　われわれの頃はね。

西村　現場を回っていた頃は私も冷戦の終結と湾岸戦争、ソ連の消滅と北方領土交渉、天安門事件と対中制裁解除といった国際政治の鉄火場を取材していたから、日本や、米国、ロシアで、政治家や官僚、あるいは論壇での論争の取材を通じて、いろいろな潮流、ときには混沌とした渦を垣間見てきました。あの頃の日本の外務省や自民党での論争の基本は、日米同盟の基軸を前提とした上でバランスをどうとるか、どこまでピボットする（軸足を移す）か、という構図でしたが。それでも現場時代に取材した中で興味深かったのは、いわゆるユーラシア外交。日米同盟は基本とした上で、ロシアや中央アジアに対する、地政学的な発想に基づくユーラシア外交をどこまで本気で展開するべきか、という議論はよく見聞きしたものです。

佐藤　あるいはアジア外交ですね。小倉和夫さん（元駐韓大使）のように、かつてはアジア外交に重点を置いた外交官がいました。

西村　そうですね。小倉和夫さんのような戦略家や昔の「チャイナ・スクール」と呼ばれた中国専門家の一群が主張したアジア外交戦略も、地政学的なユーラシア外交論者たちとともに、独自の潮流をつくっていました。当時のユーラシア派が中国台頭を意識して、中国牽制に傾いていくのに対して、アジア重視派は中国との安定的な関係を築くことを唱えていましたよね。「チャイナ・スクール」には、「知中派」であっても決して「中国べったり」ではない専門家がいたのですが、その後は、「媚中派」というひとくくりのレッテルが貼られる政治状況になり、いまでは対話それ自体さえ批判されるような空気になってしまいました。

ほかにも、冷戦終了後の自衛隊の海外派遣。彼らをどのような形で送り出すかについて、外務省で深夜まで激論が繰り広げられていたのを取材しました。当時はこうした論争の背景に、当事者たちの親の世代の戦争体験、ここには官僚として軍部と衝突したり憲兵に監視されたりといった戦時中の体験も含まれるのですが、こういったことが影を落としていたところもあって、私はいわば彼らのファミリーヒストリーの聞き取りもしながら、論争や政策の取材をしていました。あえて単純化すると、冷戦後しばらく、親「軍」・親米と、反「軍」・親米みたいな潮流もあったんじゃないかな。あくまでも取材者としての観察だけど。それに組織の内部だけではなく、外務省は経産省とも意見をぶつけあっていましたよね。経済と安保、イスラエルとアラブ、エネルギー外交なんかで。

政策についても以前なら、主要官庁の課長が草案をつくり、局長、次官を通して首相官邸で採用された例がたくさんありましたが、いまはどうなんでしょうかねぇ。国家公務員幹部職員人事の一元管理を行う内閣人事局を設けた第二次安倍政権以降、官僚たちの自由な発言は封じられる傾向にあり、論争のダイナミズムが消えてしまい、ほとんどの官庁の局長や課長が官邸の風向きを読むことだけに目を向けているように見えるのだけど。

佐藤　これは難しい問題です。官邸の機能強化というシステムの問題だけに還元することができない。官僚の意識がエリートでなくなってきた。自分も国民大衆の一人という意識が強まっているように思える。だから官邸からの指示待ちになり、自らのエリートとしての責任を果たそうとしない。社会の反エリート主義の雰囲気を反映しているのではないかと最近は思っている。

西村　メディアも官僚も同質化するにつれて論争が減り、論争がなくなると同質化に拍車がかかる……そうなると、われわれがここまで話してきた集団思考の罠に組織がはまったときに待ったをかける人がいなくなってしまう。

佐藤　個人的な体験も踏まえ率直に話すと、現下の外務省における論争は無駄だと思っています。実際の政策に影響を与えるレベルまでの戦略の構築力に欠けるからです。誤解を恐れずにいえば、能力の高い外務省幹部か頭のよい権力者を見極めて直接、接触したほうが話は早い。交渉の直前、ベストのタイミングで耳打ちすれば大体は言った通りになるからね。身も蓋もないけれど、外交は、エリート主義でやらないといけないと思っています。組織内の現場でも同じだと思うよ。トップが責任を取れ、というのはそういう意味でもあります。

　ただし政治の場合は、大衆も自らの意思で動いているんだという表象をも取る必要がある。つまりエリートは、あくまでも大衆の代表者だという形だよね。よい組織はそれができていると思います。私が知っているロシアやイスラエルのエリート主義者は自己のモラルがはっきりしているから、自己規制ができて、名誉も求めない。そういう人たちが社会を動かしていくのがいいと思っているし、私がシンパシーを覚えたロシアのブルブリスさん、イスラエルのハレヴィさんも、みんなそういうタイプの人間でした。西村さんも近いところがあると私は見ているんだけどね。そういう人のネットワークって自然にできてくるものだから。

西村　たしかに佐藤さんはピンポイントでキーパーソンを選び、彼らを通じて直接政策を動かすようになるわけだけど、その「前史」があるよね。その前史における佐藤優という存在は、ロシアで過ごした8年間に、ブルブリス、科学アカデミーやモスクワ大学の専門家、保守派イデオローグの重鎮たちとの交流を通じて、スラブ派以来のユーラシア的地政学の発想とロシア人の内在的論理を身につけて帰国する。その発想を外務省にぶつけて論争を起こしたり論争に巻き込まれたりしていくうちに、それを評価したり利用したりする上司や政治家が現れたわけですよね。

佐藤　論争はあったよ。でも外務省内の意思決定は中堅幹部、ランクで言うと課長までの話でした。それより上は官僚ではなく政治家が決めることになる。結局最終決定権は総理大臣クラスまで持っていかないと話にならない。

西村　トップにネットワークをつくる必要がある、と？

佐藤　そのネットワークもつくるものではなく、やってくるんです、勝手に。そういう意味でいうと私も、橋本龍太郎さんのネットワークに巻き込まれちゃった感覚がある。

西村　佐藤さんは無自覚だったのかもしれないけど、仕掛けや論争が一つの潮流をつくっていったんだろうな。だからこそ、鈴木宗男さんを通じて橋本龍太郎さんや小渕恵三さん、森喜朗さん、あるいは後になって安倍晋三さんも対プーチン外交を進めようとして佐藤さんに目をつけた。同時に佐藤さんも、自分たちが目指す外交を彼らトップに委ねようとした、そういう理解でいい？

佐藤　よくわからない。キリスト教の教えで、私は誰にも生まれつき与えられた使命があると信じています。そういう意味でいうと私はときどき、人に見えないものが見えるときがあるらしい。それは私が沖縄にルーツを持つということ、そしてキリスト教徒であること、ほかの官僚たちとは異なる教育環境で学んできたことも影響していると思うのだけど、この状況において、いままで通りの考え方で進むと大変なことになるぞ、ということが直観でわかる。そういう状況下で上司や政治家にアドバイスを求められたら、ステレオタイプに拘らずに自分が心の底から考えている正しいと思うことを言う。もちろん専門知識も踏まえた上でです。それを繰り返しているうちに、いつの間にかネットワークの中にいたという皮膚感覚かな。

だから捕まって犯罪者として処理されたあとも、そのことに恨みを持ったり、こんなどうしようもない国家は知るもんかってやけっぱちになったりはしませんでした。外務官僚ではなくなって、当時の上司にも、現在の政治家たちにも、何の義理もない。でもやっぱり、日本は自分の国なんだよね。外交で失敗してほしくないし、できるだけよい未来であってほしい。だから、いろんなところで話したり書いたりしているのだけれど。

西村　逮捕、投獄、裁判で被告席に立つという体験を経て、佐藤さんがいま、俯瞰的に自分の半生を振り返るとき、当時の自分を相対化する視座というものがあるんだろうね。私からすると、かつて同時代的に見てきたさまざまな論争と、そこでつくられたのに後に消えてしまったいくつかの潮流が、佐藤さんの官僚としての生存能力を高めていき、それに呼応するかのように官邸から佐藤さんを引っ張り上げる力が働いた——。私の目にはこんなふうに見えていた、あなたが逮捕されるまでは。だからお互い、見ている視座と時間軸が違うのかもしれない。私の場合は記者として物事と並走しながら観察してきたプロセスに重きを置いているし、佐藤さんにはたどり着いたところから振り返ってみたときの景色がある。その違いかな。

佐藤　第三者的に見ると西村さんの言った通りだと思うよ。ほかの人間とは違う意見を言っていたら重用されるようになったけれど、当然いろんな論戦にも巻き込まれた。外務省内での風当たりが強かったときもある。私としてはいつも変わらずに日本国民による民主的手続きによって選ばれた内閣総理大臣からの要請に対して誠実に対応してきただけのことなのだけれども。そのことをわかってくれる外務省の先輩もいました。たとえば、初代情報調査局長だった岡崎久彦さんがよく理解してくれたんだ。私が捕まったあとも「あなたはほかの人とは違うから」と声をかけてくれて。

個人間の信頼関係は組織で継承できない

佐藤　ほかの人に見えないものが見えるという話でいうと、ソ連崩壊前もそうだった。「このままでは大変なことになります」という話をいろいろなところで言っていて、食いついてきたのが、のちにエリツィン政権のほうに流れる反体制派の連中と、その対極にいた保守派の連中だったんです。ゴルバチョフのまわりにいた連中は全然だったね。いまになって考えるとゴルバチョフのまわりにいた人たちは、日本政府の大多数の官僚と一緒で、特段の信念もなく体制に流れるタチだったんだろうな。だから私は合わなくて、その界隈では友だちができなかった。むしろゴルバチョフ本人のことは、ソ連崩壊後20年ぐらい経ってからすごい人だったんだと思うようになったけれども。

西村　ロシアだけでなく、佐藤さんとモサドやシャバク（旧シンベト）との信頼関係もなかなか深いものがありましたね。私も帝国ホテルの会食で何度か同席したことがあった。

佐藤　たしかに、私が逮捕されたときも、イスラエルの友人たちはリスクを冒して味方になってくれました。ユダヤ人は友情を大事にするんだ、と言って。

この対談で何度かふれたハレヴィさんには本当にかわいがってもらったな。彼は非常に面倒見がよくてね。奥さんと一緒に日本に旅行に来ていたあるとき、やけに電話を気にしているから「どうしましたか？」と尋ねたら、「いま部下がキプロスで逮捕されているから助けないといけないんだ。工作員の身を守るには長官自らが乗り出さなければならないから」と。そういった緊急事態のフォローはもちろんのこと、激励は常にしていると言っていた。

西村　人材が大切だからね。でもあの組織はそういう目配りだけじゃないでしょう？

佐藤 シビアな見方をすれば、日本外務省と私を天秤にかけて私を取ったとも言えます。「サトウがいなくなれば日本外務省からはどうせ大した情報を取れないだろう。一方、サトウはこれで潰れるかもしれないが、もしかしたら別の形で蘇るかもしれない。ここで助けて保険にしておけば大きく返ってくるかもしれない」という腹積もりはあったと思うよ。

だからガザ紛争に関しても、やっぱり個人的にいちばん苦しいとき、イスラエルの友人たちに助けてもらった記憶が心の片隅にあるんだよね。それはロシアも同じ。私が逮捕された直後、アルクスニスが、ブルブリスをはじめ、当時私と付き合いのあったロシアの人たちに声をかけてくれて、ロシアの上下院で私の自由を求める決議を出そうとしたことがある。

西村 アルクスニスも、外交官や記者にとってあの頃のキーパーソンの一人でしたが、裁判のことは初めて聞く話です。

佐藤 アルクスニスから外務省の後輩経由で私の弁護士に連絡があったんです。「あんなに日本のために働いていたマサルが、国を売ったという疑惑をかけられている、めちゃくちゃじゃないか。あまりにも不当だ。日本国内の事情はわからないけれど、ロシアとの関係を改善しようとしている勢力が一掃されかけているんじゃないか。だとしたら、党の違いや右派も左派も関係なく、ロシアとして応援しなければならない。できることがあれば協力する」と。気持ちはとても嬉しいしありがたいけれど、私の事件はいわば家庭内のトラブルのようなもの。みっともない内輪揉めに巻き込むわけにはいかないからね。それよりも日本外務省の私の後任をよろしくお願いします、と言って、丁重にお断りしました。

西村　佐藤さんの逮捕のあと、外務省でアルクスニスやブルブリスらと親しく付き合った人間はいましたか？

佐藤　つながりは全部途切れてしまったんじゃないかな。

西村　もったいない。でもそういうものなのかもしれない。つまるところ残るのは肩書を超えた、人と人とのつながりだから。

佐藤　とはいえ、私だって、外交官として日本国家という看板を背負っていたからこそ付き合えた人たちだよ。

西村　入口はもちろんそうです。だからといって誰でもいいわけじゃない。後任が「はじめまして」と訪ねてきたところで、みながみなその人物の背後にある国家や組織なんて見ないだろうし、関係が途切れたのは残念ながら人材の要素もあるでしょう。個人間の信頼関係がそのまま引き継がれるわけではないからね。これはメディアでもインテリジェンスでも、もっと言えばどの業界でも同じことが言えると思う。

元検察官直伝、パクられないコツ

佐藤 その話の流れでいうと、私が逮捕された特捜事件の際に西村尚芳《ひさよし》検事が担当だったことも幸運だったね。彼は検察官として、被疑者である私の罪を立証する立場だったのだけど、私と真摯に向き合い、事実関係を徹底的に調査して私の証言を理解した上で、自分のできる範囲ぎりぎりのところまで私の負担を減らそうとしてくれた。私がのちに作家になるなんてわからなかったのに。もっとも西村検事は、私が書いた『国家の罠』にさんざん登場し、捜査の内幕を書かれたせいで、ひどい目に遭ったらしいけど。本には、西村検事から取調室で「国策捜査」と告げられた——とか書いてあるわけだから（笑）。

西村 それはそうでしょう。でも彼は結局その後、特捜の部長になったのでは？

佐藤 2014年には大阪地方検察庁特別捜査部長になって、最後は高松の検事正になって。検事人生としてはとても出世した。西村さんは大学を卒業した後、北陸財務局に勤務し、27歳で司法試験に受かったので、年齢に比して年次が遅い。高松高等検察庁がある場所の検事正をつとめるのは能力がトップクラスという評価を検察庁がしたからです。

大変だったけど、『国家の罠』を読んで、検察庁の内部で「面白いやつだな」と引き上げてくれた人もいたらしい。いまは退官して公証人をしているから、この前、国家安全保障局長の秋葉剛男さんにも会ってもらいました。情報機関の再編があるかもしれないから、トップに会って、何をしたら検察に目をつけられるかという話をしてくれませんか、とお願いしたんです。

西村 西村元検事と秋葉局長、面白いめぐり合わせですね。どんな話をしたの？

佐藤 政治事件はいつの時代にもあるけど、日本では政治事件としては立件できないから必ず経済事件の形をとる。カネの流れには細心の注意を払え、といった基礎的なところから、素人さんを入れるな、とか。たとえば私の事件のときは、イスラエルで開かれた国際会議への派遣費用などを外務省の「支援委員会」という名の国際機関からカネを出したとして逮捕されました。外務官僚はこの組織から飲み代やらタクシー代やらで活動資金を勝手に使っていたんです。私はそういうことをしなかった。それを苦々しく見ていた下の職員が、それはもうあることないことしゃべってくれたらしい。私は直接は関わりがなかったんだけれども、「上の連中」というふうにまとめて恨まれていたんだね。そして、「支援委員会」の人たちは、外交やインテリジェンスについては素人だった。あとは三井物産の若い社員が、北方領土の難しさもわからずに普通に談合していたり。これも素人さんが入ってダメだったわかりやすい例。

西村 気をつけていても目の届かないところはある。

佐藤 その通りです。あとは、目的外の行動をすると悪目立ちするから慎重に、という話もありました。私の当時の仕事はロシアの情報収集と北方領土交渉が二本柱だったんだけど、言われてみればたしかに、そのほかの各方面にも手を出していたんだよ。行政改革とか、外務省の不祥事処理とか。イスラエルの連中とも付き合いがあったし。

西村 いろいろやっていたよね。外務省の組織防衛にも駆り出されていた。

念のため、読者の皆さんのために確認しておくと、佐藤さんはイスラエルをロシア情報の宝庫と位置づけていて、テルアビブ大学のゴロデツキー教授を招いたりテルアビブ大学の国際学会に学者や外務省員を派遣したりしたのですが、そのときの費用を外務省の支援委員会の予算から不正に支出させようとしたとされました。また、国後島のディーゼル発電機供用事業の入札では、鈴木宗男氏の意向で三井物産が落札するように便宜を図ったとされて、東京地検特捜部に背任と偽計業務妨害容疑で逮捕、起訴されました。

佐藤 組織防衛しないと外交交渉もできないからね。だから行政改革の過程で外務省を守るための裏仕事にも手を染めた。それがよくなかったらしい。この話になったとき、当時の上司でもある秋葉さんが西村検事に言ってくれたんだ。「佐藤さんは余計なことをしていたわけじゃないんです。ロシアを担当する日本の外交官としてイスラエルを訪問するのは当然のことです。情報のプロなら常識です」って。でもね、それを受けた西村検事の言葉もなるほどと思った。曰く、「刑事裁判で玄人と素人の常識がぶつかった場合、玄人は負けます。刑事裁判は素人の感覚でやります」。

西村　なるほど。たしかにロシア情報をイスラエルから取るっていうのは、プロのロジック。情報の世界の人間ならその狙いに疑問を呈する人はいないけれど、一般の感覚では通らないか。

佐藤　それからもう一つ、最初、私が持っていた秘密組織「ロシア情報収集・分析チーム」は2000年までの期間限定だったんだけれど、途中で外務省幹部の命令によって無期限継続に変更になった。これも問題だったらしい。精鋭の集団、しかもロシア課の仕事と重なるところがあった。私たちのチームの意見のほうがロシア課よりも重用されることが多々あった。一時的であればいいけれど、恒久的な組織となると澱が溜まってくる。通常時は問題がなくとも、逆風が吹いたときには一気に爆発して吹っ飛びます。と、そんな話もあった。

もっともあれだけ強い力の働いた国策捜査はそうそうない。西村検事としても最初で最後だったらしいです。でも一度あったことはまたあるかもしれないからね。

まず裏の仕事は裏で処理して表のカネは使わない。外務省には報償費（いわゆる機密費）があるのだから、私のチームが関与する仕事は、すべてそれを使えばよかった。素人をかませない。目的外活動をさせない。期限を切った場合はその期限を守る。その四つを守ることが、新しい情報グループをつくる際に重要だと、そんな話をしてくれました。

西村　取り調べをする側と取り調べを受ける側の間に、独特の信頼関係が築かれていったからこそ、互いに自由な立場になって、そういったポイントを話してくれる。元は対立する立場だったのに、この関係性の変化が面白い。

佐藤 この前は『週刊新潮』の誌上で対談もしました。でもそれを見て不思議がる人もいるんだ。「佐藤さん、裁判でこの西村という検事に有罪にされたんでしょ？ なんで平気で付き合えるの？」って。西村さんも検察庁で一部の若手検事から「かつての被告人と仲良くしているなんて変わり者だ」と言われているらしい。でも、そんなの仕事だったんだからしょうがないじゃない、お互いに。いちばん重要な目的は、自分たちの経験を日本の未来のために使うことであって。

西村 それはそうだ。いまならそれぞれ思うところを信念に基づいて赤裸々にぶつけることができるから。でも、当時はそうではなかったでしょう？

佐藤 当時は、西村検事も国益の罠にはまってしまったと言えるかもしれない。

そうそう。彼はそもそも脱税を専門に扱っていたんだけど「脱税で捕まって潰れた会社は一つもないよ」とよく言っていた。脱税する会社はつまり儲かっている会社だから潰してはダメなんだって。生き残らせて、きちんと税金を払ってもらうことが大事なのであって。

西村 なるほどね。ちゃんと再生できる程度のお咎めだと。

佐藤 それから、検察のプロとして冤罪はやらないというのは絶対的な大原則ではあるものの、徹底的に話を聴き込めば、20個くらいの出来事のうち一つくらいは見事に事件に仕立てることができる、とも言っていたな。私の事件も、最初は賄賂を行っているという組み立てをした。でも私には不審なカネの動きがなかったから、官製談合の枠組みで、偽計業務妨害という罪にされたんです。動機としては、国益のため。三井物産に仕事を出さなければ、現地で事故が起こった場合に管轄権問題が生じて北方領土交渉が頓挫するから、という、そういう組み立てで。検察の上司は「何が国益だ、ふざけるな、犯罪者のくせに」ってものすごく怒っていたらしいけど。でも西村さんは「佐藤の供述を元にすると、こういう事件にしかできません」と貫き通してくれた。見事に有罪にはされたけれど、かなり誠実にやってくれたよ。

西村　国策捜査の枠組みの中で国益という概念が裁判でも使われていたというのは興味深いな。

佐藤　彼はそれが検察庁のためにもなったと心から信じている。無理やり実態と異なる事件をつくり上げていたら、公判で崩れる可能性があったからね。

西村　最善を尽くしたと信じているからこそ、公証人となったいまもかつての被疑者、被告人と酒を飲み、対談ができるんだな。

出会いの点と点を複数の線につなげていく

西村　関係が続いたことによってもたらされたものにも着目したいですね。佐藤さんの取り調べにおける西村検事との駆け引きの詳細は『国家の罠』に書かれているけど、そこで終わらず関係が続いて、というより復活して、しかもその関係性によって、新しい情報機関をつくる際のアドバイスを求めた。そういう形の「継承」ってとても大事だと思う。メディアでは継承自体がなかなか見られないから。

佐藤　これもあとから聞いたんだけど、ロシア連邦保安庁（FSB）のつくった要注意人物ファイルに私の情報も書かれていて、まあ大した情報ではないんだけど一つだけ面白い記述があったんだって。曰く「偶然の機会を利用して人脈を構築するたぐいまれな能力がある」と。

西村　佐藤さんが？　当たっているよ。それは記者でも官僚でもインテリジェンスオフィサーでもとても重要な才能でしょう。

佐藤　でも連邦保安庁からすると非常に警戒すべき要素なんだよ。だから「大統領府幹部と政治家はできるだけ接触するな」という注意書きがあったらしい。

西村　なるほど、向こうから見れば接触すると人脈に搦め捕られちゃうから（笑）。

人脈っていうと、誰と誰がつながっているっていう一本の線で終わりがちなんだけど、20年、30年と続けていると、その先が伏線として見えてくる。別々のところで知り合ったAさんとBさんが実は旧知の仲だったとか、新しく出会ったCさんが、Aさんとも知り合いだが、Bさんとは敵対関係にあった、というような。

われわれ記者の世界では昔から、事実を確認しながら点と点の情報をつなげて線にしろ、さらに確認を重ねて線となった情報を広げて面にしろ、とよく言われたんだけど、人脈でも、点と点を結んで線にして、線を次々につないでいって面にしていく努力のなかで、その時点の像が見えてくる瞬間がありますよね。情報については、デジタル革命、モバイル・ソーシャル革命、AI革命からくる情報量の大爆発で、点と点とをつなぐことに疲れてしまう記者も出てくるのかもしれませんが、人脈の場合、「量の爆発」はない。関係を大切にして人脈の「ガーデニング」を怠らないことは、外交官や記者だけでなく、どんな職種のビジネスパーソンにも必要なことでしょう。

佐藤　さらに何か特異性があるとしたら、おそらく好奇心だと思う。目の前の相手のことをもっと知ってみたいという。中世のアンセルムスという神学者が、信仰があるからより知りたいと思う、知るとより信仰が深まる、と書いています。だから、本質的には科学と宗教って対立にならないんだよね。知れば知るほど自分の信仰が深まっていくのだから。

西村　佐藤さんの信仰心は、偶然性を生かして人脈を広げていくことにもつながっているの？

佐藤　つながっているね。自分の価値観や人間観を裏切られることも含めて、知らないことを知りたいという欲求はかなり強いと思う。だから、出会いのチャンスはすべて大切にしているつもりです。

西村 その通りだと思う。でも記者としては正直、限界を感じたこともあったよ。若い頃は日本でも海外でも現場をかけずりまわって、「あと一人会おう」「もう一人つかまえよう」と重ねて、結局一日10人の取材をすることもあって、でも、11人目からコンタクトがあっても、もういいとなってしまう。気力を使い果たしてしまうんだね。佐藤さんはきっと、10人、20人と簡単に会いに行くんだろうね、好奇心のままに。

佐藤 インテリジェンスとしての習性もあるかもしれない。情報を取るにあたり、「何はともあれ駆けつける」ってとても大事なんだ。たとえばある情報が欲しいとき、その情報を持っていそうな4人に声をかけることもあるじゃない、同時に。

西村 あるね。特に一刻を争う場合はなおさら。

佐藤 そして4人同時に取れちゃうこともある。

西村 あるある。

佐藤 そういうとき「もうわかったからいいです」って言って、かけつけないやつがいるんだよ。

西村 ああ、それはダメだな。

佐藤 そしたら最初の一人以外はもう情報くれないよね。

西村　当然でしょうね。ほかにも連絡しているだなんて、こちらの都合でしかない。お願いしたからには絶対に行かなくちゃ。

佐藤　しかも私は自分をマインドコントロールして、「これが初めての情報だ」って思い込んでまっさらな気持ちで駆け込んで行くからね。だから3番目、4番目に情報をくれた相手も、全員自分が最初に情報をあげたと思っていたよ。

西村　それはすごい、わかっていても実行は難しい（笑）。

佐藤　情報を聞くときのポイントはもう一つあって、その人がどうやって情報を得たかっていう自慢話も聞かせてもらうの。するとさらに一つ上の情報源のこともわかる。

西村　そういったこぼれ話の旨味も、実際に会ってこそだよね。

記者と官僚の人生、その覚悟

佐藤　実にたくさんの記者を見てきたけれど、人間として美徳な部分が組織の記者としては弱点になることもあるよね。

西村　弱点か。佐藤さんから見て私の弱点は何だろう？

佐藤　西村さんの場合は、正義感が強いこと。私が逮捕されて、みんながぱーっといなくなったあとも、私にじっと付き合ってくれたでしょ。それって私の逮捕が不当だっていう正義感なんだよね。それは裏返すと弱さでもある。むしろ職業記者だったら、いなくなって当然なんだよ。繰り返しになるけど、1000枚以上あったメディア関係者の名刺の中で、付き合いが残ったのはたった3人。西村さんと、さきほど話題にした産経新聞の斎藤勉さんと、共同通信の加藤正弘さんだけ。あとはみんな逃げちゃった。

西村 逃げたというか、まあ、外交官、外務官僚でなくなったので情報もなくなるだろう、という「職業的切り捨て」だったんだろうけど。

佐藤 でも面白いのが、作家として活動を始めたらまた来るんだよ。「心の中でずっと応援しておりました」とか言ってさ(笑)。

西村 調子がいい(笑)。

佐藤 でもいちばん苦しい時期に残った人の確率が1000分の3なら、歩留まりはよかったほうだと思っているけどね。

西村 そう?

佐藤 むしろ3人残ったほうが意外だった。社会人になってからの友人関係というのは、あくまでも仕事上の利害関係を前提にした友人関係だから、いなくなって当然だと思っていたよ。

ただ鈴木宗男さんは、あの事件でメディア観が変わったと思う。私よりもずっと知り合いの数の分母が大きくて、人付き合いが好きで、よく自宅の広い応接間に記者を招いていたでしょう。でもあの事件のあとで新しく建てた家には応接間がない。それまでは自宅の1階を応接間にしていて、夜遅くまで会談していたのに。新しい家になってからは、記者は決して家の中には入れず、外で会うようになったよね。

西村　私の感覚では、佐藤さんは、この対談の冒頭で話した最初の出会いから、実に面白い人物だと思っていたし、頭脳を構成する哲学や宗教学、歴史学、地政学のバックグラウンドに関心があったし、強い刺激も受けた。でも、記者としてそうした関心や興味を抱いた人間はなにも佐藤さんだけではありませんでしたし、日本政治やロシアに対する見方がいつも同じということでもない。ただ、情報についての目先の利害関係だけでなくて、お互いものすごくしんどかったモスクワ時代に信頼関係をつくっていたからこそ、逮捕、投獄で「職業的切り捨て」が頭によぎった、ということはない。ほかの二人も同じじゃないかな。

私と佐藤さんはテーマによって意見の違いがあるけれど、斎藤さんと佐藤さんとは北方領土交渉のアプローチをめぐってはまさに真っ向からぶつかっていたでしょう？　なのに彼は、逆境の佐藤さんを支えた。濃い激論を闘わせたからこそ育まれたものもあるんだろうね。

佐藤　そういうこともあるかもしれないね。

西村　残った名刺3枚のうちのもう一人、加藤記者は当時のことを何か言っていた？

佐藤　おそらく加藤さんの場合は、私との関係もあるけど、鈴木宗男さんに対しての姿勢もあると思うな。彼は当時、雑誌『噂の真相』で、「今になっても鈴木から離れない共同通信のKとNHKのA」として、イニシャルではあるけれど確実に個人特定可能な記事（一行情報）を書かれた。外からは叩かれたけれど、社内では問題視されなかった。私と鈴木氏が逮捕されたあと、加藤氏は福岡に異動になった。東京では仕事がやりにくいだろうという共同上層部の判断だった。その後、東京に戻ってきて、また政治部で活躍した。でも私が逃げ回っているときに加藤さんとその友人が車を出して助けてくれたんだよね。おそらくそれは、理性的な計算ではないんだよ。明らかにメリットのない行為なんだけど、体が動いてしまったんだと思う。そういう人たちなんだ。

西村　私がそのとき日本にいたとして同じ行動をとったかどうかは別ですが、薄っぺらな人間関係では信頼関係は築けないのはたしかだ。西村検事との関係もしかりです。

佐藤　そうだね。西村検事は容疑者の私と本当に真摯に向き合ってくれた。彼も正義感の強い人で。彼は、私の調書を最初から全部取り直してくれたんだよ。非常に手間がかかるし、そこまでやる必要はないのに。私の手帳を証拠から外すために。

西村　そうか、佐藤さんの手帳には相当な情報が詰まっているからね。

佐藤　いつどこで誰と会ったか、すべて書いてあった。悪さをしていたわけではないから、個人的には公表されてもそこまで困ることはないんだ。ただそこには当然、外交官として、今後の日露交渉を鑑みて公にしたくない情報も入っている。それをわかってくれたから「この手帳は裁判で表に出ないほうがいいだろう」と判断して外してくれたんだ。手帳がなくても、私の供述だけで立証できるから、と。検察官の心理としては否認を続ける被疑者なんて厄介極まりなく、刑期を倍にしてやろうと思うくらいが普通なんです。嫌がることをされてるんだから嫌がることをしてやろう、と考える人のほうが多いよ。でも彼はそうじゃなかった。

西村　佐藤さんと西村検事の関係は究極の関係かもしれないけれど、仕事で出会った人間関係が長期的に継続する裏側には、利害関係を超えた共通のもの、信念でも使命感でもいいんだけれど、それがある。そう考えるなら、佐藤さんが弱点といった「正義感」も表裏一体で強みでもあるんじゃないかな。

佐藤　そうかもしれないね。組織の中で生き抜くことと、仕事人としての使命を果たすということは、必ずしも一致はしないから。

西村　関係を継続するからこそ振り返ることができるし、あとから振り返らないとわからないことはとても多いよね。

佐藤　そういう意味で西村検事との話の続きも面白いよ。私が『国家の罠』を書かなかったら、彼が２０１４年に大阪の特捜部長になることはなかったんじゃないかと思う。というのも、あの本の中で私は「絶大な権力を持っている検事は、自己抑制ができなければ取調室の中から崩れていく」と書いた。そして西村さんは崩れない検事だった。それを検察庁としても見ていて、だからこそ、厚労省の村木厚子氏の冤罪事件後、3人目の大阪特捜部長になった。大阪の検察人脈としがらみがなく、正義感の強い西村氏ならば、腐敗し、冤罪事件を起こした大阪特捜の雰囲気を変えられると期待したのではないかと思ってる。

西村 ああ、たしかにあの頃の大阪特捜検察は立て直しの必要があった。

佐藤 私はあの人事は、そう考えている。西村さんは大阪に行って、まず挨拶まわりのリストの分厚さに驚いたという。だから彼はリストを無視して、挨拶まわりを必要な範囲にとどめたと聞いた。

西村 なるほど。公証人になったというのは？　検事ではよくあるけれど。

佐藤 西村さんは、それまで検察として徹底的に取り調べをしていたのに、弁護士になった途端に防御側になるのはいやだと。それから特捜部の部長をやっていていちばん嫌なのは先輩からの電話だったから、自分もそれはしたくない。だからいわゆるヤメ検にはならずに公証人になった。もっとも公証人としてしばらく民事の経験を積んだら、弁護士になると言っていた。外交官にしても、検察官にしても、退官した後、付き合う元の職場の同僚は意外と少ない。考えてみると、警察庁も経産省も、退官したあとに孤立してる人が多い。エリート連中ってだいたい仲が悪いから。

西村　寂しそうな人は多い。

佐藤　だからみんな、余計な話をしてくれるでしょう？

西村　現役記者の頃、元大使たちのところに行くと、昔の外交交渉について結構よく話してくれました。

佐藤　そういった心理状態を見定める目も、記者や情報屋に必要な資質の一つかもしれないよ。
　私を非常に可愛がってくれて、例のクーデター未遂事件で情報を流してくれた元ロシア共産党第二書記のイリインさんも、晩年は寂しかったんじゃないかな。政治からは離れ、人付き合いも避けて、一人で過ごすことが多かったと聞いている。私はできるだけ訪ねるようにして、そのときは会ってくれたけれども。アルコールの量も増えてしまってね。

西村　この最後の章では、おもに「論争」と「人脈」について話し合ってきましたね。逮捕、投獄、裁判、マスコミの大バッシングを経験した佐藤さんに、いまさら「覚悟」という言葉はぴんとこないかもしれませんが、ロシアのアルクスニスのエピソードを聞いてこの言葉が浮かびました。
　ソ連崩壊前後に一世を風靡し、われわれ記者にとって取材対象でもあった、この別名「黒い大佐」は、まぎれもなく佐藤さんが築いた太いロシア人脈の一人でした。だからこそ彼は佐藤さんに、国境を越えた法廷支援を呼びかけたのですが、佐藤さんは断ります。これで二人の関係が切れたわけではないのですが、この人脈を自分の法廷闘争には使わない、使ってはならないという佐藤さんなりの覚悟があったのではないでしょうか。

記者も情報源、取材相手、内部告発者との関係が太くなればなるほど、信頼関係が強くなればなるほど、ある覚悟を求められるんです。

この対談では、権力との一体化の罠、政治家や官僚との身内感覚への安住の罠にはまってはいけないという覚悟について話してきましたが、それだけではないんです。相手が権力者ではなくても、同情心から、あるいは先方の大義名分を正義感から支持するあまりに、報道の領分を超えて相手と一体となってしまう。そんなことが記者にはままあります。取材テーマにかかわる抗議活動に参加したり、その分野の活動家みたいな存在になったり、情報源や告発者に裁判費用や金銭的な生活支援などを頼まれてそのまま応じてしまったり。それを超えてしまったら記者としての信頼を損なうような一線、それは権力との距離だけではないんです。

相手の言うことに徹底的に耳を傾けて長きにわたる信頼関係を築くよう努めること、同時に、プロの記者としての一線を示してそこは超えられないんだということを相手にわかってもらうこと、これを両立させなければならない覚悟というものもあると思います。

おわりに

2002年5月、米国東部時間の13日深夜か14日未明だったと思う。ワシントンのオフィスにいた私の携帯に佐藤優氏から電話が入った。「西村さん、間もなく地検特捜部に逮捕されます。いろいろお世話になりました。出てきたら、また会いましょう」。真冬のモスクワのバスで最初に会ったときからおなじみの、やや甲高い早口とは打って変わって、低く抑えた声だった。静かな電話口の向こうから、検察とマスコミと外務省の喧騒が伝わってきた。記者である私と、外交官・官僚としての佐藤氏との付き合いは、この電話でいったん途切れることになる。

佐藤氏からワシントンに再び電話があったのは、1年半近くたった頃だ。運転していた私はあわてて車を停めた。イラクの大量破壊兵器をめぐる壮大な虚構の取材に追われていた頃だった。512日ぶりの「シャバ」からかけてきた佐藤氏の声は落ち着いていた。「保釈されました」「佐藤さん、体調はどうですか。しっかり記録をとっておいてください」。すでに公判は始まっていた。やがて人気作家に転身する佐藤氏との間で、電話とメールによる交流が再開した。

私たちは日米中露の情勢、ユルゲン・ハーバーマス、ベネディクト・アンダーソン、トロツキーからロバート・ケーガンまで、そして、法廷の模様について頻繁に議論する関係へと変わり、2006年年明け、帰国早々の私と佐藤氏との直接の交流が復活した。

私は、戦後50年をモスクワで、戦後60年をワシントンで迎えた。戦後70年は、朝日新聞を襲った信頼危機の真っただ中だった。

「50年」のロシアでは、ソ連消滅後の時代の裂け目から民族がむき出しの顔を見せていた。当時追いかけたテーマの一つ、「クリミア」はいま、世界を揺るがす戦争の地となっている。「60年」のアメリカではイラク戦争が大きな取材テーマだったが、イラクの大混乱がのちにやはり世界を揺さぶる「イスラム国」につながっていく。「70年」は、新聞社の編集責任者として戦後企画に携わったが、このときはむしろ、勤務していた会社が犯した失敗を機に、メディアの信頼とは何か、記者が立脚すべき規範とは何か、読者の皆様を含むさまざまな方たちとの厳しい対話を通じて真剣に考えさせられた年だった。

いずれの年も、世界史の、あるいはメディア史の大きな流れ、蛇行、奔流のほんの通過点に過ぎない。戦後○年をことさら何かの記念日のように別格扱いするのはマスコミの悪い癖ではある。しかし、戦後80年を前に、30年以上の付き合いが続いた佐藤氏と「記者と官僚」の関係をめぐって長時間の対談ができたことは、「ジャーナリズムと権力」について考えるいい機会になったと思う。

ロシアウォッチャーとしての佐藤氏の原点は、おそらく、英国陸軍語学学校留学時代の亡命チェコ知識人との出会いであり、在モスクワ日本大使館時代に親交を結んだラトビア出身の大学生（対談にも出てくるのちの政治家、カザコフ氏）の存在なのかもしれない。佐藤氏の話には、記者として聞いたこともあれば、聞いてはいたが真意をめぐる「答え合わせ」をしていなかったものもある。もちろん初耳の話もあった。そんな話を聞きながら、私自身の原点は何だろう、とずっと考えていた。

一つは、入社5年目に遭遇した日航機墜落事故だろうか。

長野支局でジャンボ墜落の一報を聞いた私は、ひざまで急流につかり、こけに滑り、岩壁をよじのぼり、やぶを分け入り、ひたすらはうように山を登った。現場に着いたちょうどそのときは、奇跡的に生きていた女の子と女性が自衛隊の手で谷底から救出されようとしていた、まさにその瞬間だった。フジテレビのカメラ以外に取材陣の姿は見えなかった。私はハンディー無線機に「生きてる、生きてる、生存者がいる」と叫び続け、目の前の光景を、ありったけの力を込めて怒鳴りつけるように吹き込んだ。現場に真っ先にたどり着いたのは全くの偶然だった。私は、目前の惨状に押し潰された。ただただ圧倒された。

その後、チェチェン戦争、サハリン大地震、ユーゴ内戦などの戦場や災害の現場を踏んだ。

歴史の歯車に押し潰されて自殺したロシアの軍人や核物理学者、我が物顔でユーラシア大陸を動き回る核物質密輸マフィア、核解体協定に伴いＩＣＢＭ（大陸間弾道ミサイル）のサイロの破壊ボタンを無表情で押す将軍の取材をした。私は現場で、佐藤氏は裏情報取りで走りまわったモスクワ内乱は、対談でも話し合ったが、あのときの私は、大通りの冷たいアスファルトの上でじっとはいつくばり、銃声のたびに反射的に頭を引っ込めながら、テレビ局襲撃、機銃掃射、逃げまどう群衆の姿をひたすら目に焼き付けていた。

そうしたとき、目の前で起きていることを表す言葉を懸命にたぐり寄せるのになかなか出てこない。立ちすくんだまま、はいつくばったまま、これはという言葉をこの手につかめない。焦燥の中で私はいつも、凄惨な日航機墜落現場で私を襲ったあのときの感覚を思い出すのだった。

あれは何だったか。還暦を超えてあえて整理すれば、圧倒的な事実を前に、それでも言葉をたぐり寄せ、伝え続けなければならないこの仕事に絶えずつきまとう緊張と責任ではないだろうか。現場に立つということは、必ずしも戦場や災害現場だけではなく、目の前の光景をただ書けばいいというものでもなく、ましてやライバルに先駆けて一番乗りすればいいというものでもない。最初の目撃者として見たこと、聞いたことをその後も追い続け、検証作業を継続することこそが、記者の仕事の重みだろう。そして、その重みは、大きな無線機を肩からぶら下げて走り回っていたあの頃の私も、手のひらにすっぽり収まるスマホで原稿を書いているいまの若い記者も変わらない。

しかし、記者につきまとうのは現場の緊張感だけではない。記者を誘導する、操作する、嘘をつく、そんな取材対象と向き合うときの緊張感は別の意味でまた重い。この本で佐藤氏は外交官・官僚人生を通じて身に付け、現役時代に実行した記者向けの情報オペレーションの一端を赤裸々に語っている。それを受け、私たちは、同質化の罠、国益の罠、オフレコの罠、集団思考の罠、近視眼的な熱意の罠、両論併記の罠と両論併記糾弾の罠など、さまざまな罠について話し合った。デジタル革命、モバイル・ソーシャル革命、データ革命に加えて、というより、それらも飲み込むＡＩ革命の渦に、メディア業界は翻弄され、いまだこれを好機に変えられないでいる。記者を取り巻く「罠」はさらに広がり、深くなるだろう。

しかし、救いはある。私たちは、計算を超え、損得抜きで、人間が人間に歴史の真実を直接明かしたくなる瞬間があるということについて話し合った。大切なのは、佐藤氏にとっては職業的良心と自己決定権であり、私にとっては独立性である、ということについて確認し合った。

対談でふれたウォーターゲート事件やペンタゴン・ペーパーズ事件でおなじみの伝説の記者、ワシントン・ポストの故ベン・ブラッドリー氏とは、晩年に一度だけ会ったことがある。「真実とは、その中身がどれほどひどいものだったとしても、長い目でみれば、嘘ほど危険ではない」。彼の言葉をここでもう一度かみしめたいと思う。

２０２４年８月15日、箱根・仙石原の仕事場にて

西村陽一

佐藤 優（さとう・まさる）

作家・元外務省主任分析官
1960年東京都生まれ。英国の陸軍語学学校でロシア語を学び、在ロシア日本大使館に勤務。2005年から作家に。同年発表の『国家の罠』で毎日出版文化賞特別賞、翌06年には『自壊する帝国』で新潮ドキュメント賞、大宅壮一ノンフィクション賞を受賞。『修羅場の極意』『ケンカの流儀』『嫉妬と自己愛』など著書多数。手嶋龍一氏との共著に『公安調査庁』『ウクライナ戦争の嘘』『イスラエル戦争の嘘』、斎藤環氏との共著に『なぜ人に会うのはつらいのか』がある。

西村陽一（にしむら・よういち）

元朝日新聞編集局長・ジャーナリスト
1958年東京都生まれ。東京大学卒、81年朝日新聞社入社、静岡支局で新聞協会賞（団体）受賞。政治部員、モスクワとワシントンの特派員、アメリカ総局長、清華大学高級訪問学者など米中ロで計13年勤務。政治部長、編集局長を経て、役員として編集、デジタル、マーケティングを統括、ザ・ハフィントン・ポスト・ジャパン代表取締役。2021年退社後、東京大学大学院客員教授として情報社会論を講義、ほかに国内外の大学などで講義講演多数。著書に『プロメテウスの墓場』、共著に『無実は無罪に』『「イラク戦争」検証と展望』など。

記《き》者《しゃ》と官僚《かんりょう》

——特《とく》ダネの極意《ごくい》、情報操作《じょうほうそうさ》の流儀《りゅうぎ》

2024年10月10日　初版発行

著　者　佐《さ》藤《とう》　優《まさる》
　　　　西《にし》村《むら》陽《よう》一《いち》

発行者　安部順一

発行所　中央公論新社
〒100-8152　東京都千代田区大手町1-7-1
電話　販売　03-5299-1730　編集　03-5299-1740
URL https://www.chuko.co.jp/

ＤＴＰ　市川真樹子
印　刷　TOPPANクロレ
製　本　大口製本印刷

Published by CHUOKORON-SHINSHA, INC.
Printed in Japan　ISBN978-4-12-005839-4　C0036